J. École · Index auctorum

CHRISTIAN WOLFF
GESAMMELTE WERKE
MATERIALIEN
UND DOKUMENTE

Herausgegeben von J. École · H. W. Arndt
Ch. A. Corr · J. E. Hofmann† · M. Thomann

Band 10

Jean École

Index auctorum et locorum
Scripturae Sacrae

1985

Georg Olms Verlag
Hildesheim · Zürich · New York

Jean École

Index auctorum et locorum Scripturae Sacrae ad quos Wolffius in opere metaphysico et logico remittit

Praefatio Yvonis Belaval

1985

Georg Olms Verlag
Hildesheim · Zürich · New York

Printed in Germany
Herstellung: Weihert-Druck GmbH, Darmstadt
ISBN 3 487 07612 8

A Messieurs les Professeurs
Joseph MOREAU et Yvon BELAVAL,
qui m'ont soutenu de leur appui et éclairé
de leurs conseils dans ma tâche d'éditeur de
l'*Opus metaphysicum et logicum*
de Christian Wolff.

Praefatio

Voilà bien douze ans que, mandaté par le C.N.R.S. à la suite du Professeur Joseph Moreau, j'assiste à l'énorme travail de Jean Ecole pour rééditer des oeuvres latines de Wolff. Enorme? Oui : par le gigantisme du corpus wolffien, la quantité des références à retrouver ou à pister - et que de pistes dans l'Histoire! - des dates à vérifier, des contre-sens à redresser, etc. Aujourd'hui ce travail de réédition arrive à son terme.

La lecture de Wolff est facile en ce sens que, fidèle à son propos pédagogique, il s'efforce (jusqu'à la manie) d'être clair. Personne ne soutient qu'elle soit toujours attrayante. C'est que la démarche des pédagogues n'a pas réputation d'être légère; même Condillac n'a réussi qu'à dégoûter de la philosophie le prince de Parme.

Mais si la lecture de Wolff ne séduit pas comme la *Popularphilosophie*, elle retient par sa solidité : Kant saluait en lui le plus grand des dogmatiques et lui attribuait la création de l'esprit allemand de profondeur (*der Geist der Gründlichkeit*). Cette lecture nous enseigne aussi à mieux lire, en replaçant les textes dans leur entourage culturel. Wolff offre un des meilleurs points de vue sur la pensée européenne de son temps.

En complément à sa réédition, Jean Ecole a souhaité un *Index auctorum*. Il en explique les principes. D'abord les noms par ordre alphabétique, y compris celui dont, polémiquement, Wolff ne parle que par allusion, Joachim Lange. Déjà un simple Index serait une aide pour se diriger dans ces traités de métaphysique et de logique : que l'on songe à ces "Critiques de la raison pure" sans répertoire, où l'on s'irrite à rattraper une mention de Terrasson, de d'Alembert, ou de tout autre! Jean Ecole pousse plus loin : il marque les écoles (souvent dans leur néologisme) - cartésien, atomiste, sociniens, etc. etc. -, il relève les thèmes, il repère les citations.

Qu'en résulte-t-il? Du banal? Pas du tout! Une surprise! De chaque philosophe, pourvu qu'il en vaille la peine, l'Index produit mécaniquement une vue qui dérange nos habitudes lorsque nous croyons le connaître ou nous révèle un coin d'Histoire. Soit Descartes. L'effet d'ensemble est saisissant. Ce n'est plus le cartésien que l'on récite. Il commence par l'*âme*, il traite de *Dieu* sans avoir traité du *Cogito*, il tombe dans l'*espace* et le *lieu*, il se ressouvient de la *Méthode*, il s'étend sur les *passions*, il aborde la *philosophie première*, etc. Jean Ecole n'a certes pas voulu jouer au test des images en désordre. Il a établi un Index à utiliser tel quel. Mais le désordre que constitue l'ordre alphabétique se prête à une manipulation analogue à celle du peintre qui, pour mieux le considérer, fait tourner son tableau, en surprend les déséquilibres, les valeurs redistribuées, et il peut corriger sa toile. Ainsi le tableau cartésien (par exemple) tourne-t-il: le *Cogito* n'a plus le même centre ni la même prépondérance, le libre arbitre ne s'affirme plus avec la même force; ce n'est plus le Descartes dont nous avions pris l'habitude. Pascal est oublié. Archimède est plus ressemblant. On admire Tschirnhaus. On se fie à Suarez, à Clauberg. Berkeley se faufile dans une note. En revanche on se préoccupe beaucoup d'Euclide, de Kepler, de Newton - et toujours, oui, toujours de Cicéron! Au plus haut Leibniz et, bien malgré soi, Spinoza!

Cet Index livre l'information dont s'est nourrie la pensée logique et métaphysique de Wolff, mais non cette pensée en son organisation systématique : là-dessus on consultera les études particulières dans les Revues savantes où figure notre rééditeur. Cet Index oriente par ses références l'étudiant de Wolff. Sa seule lecture suffit pour apprendre ou rappeler des noms, alerter sur des erreurs rétrospectives, ramener un peu à l'Histoire. Tout philosophe a certainement une dette envers Jean Ecole.

Yvon BELAVAL

Introductio

Le titre de cet Index requiert une explication. Wolff avait coutume de désigner sous le nom d'*Opus metaphysicum* l'ensemble constitué par la *Philosophia prima sive Ontologia*, la *Cosmologia generalis*, la *Psychologia empirica*, la *Psychologia rationalis* et les deux parties de la *Theologia naturalis*. On peut, par comparaison, appeler *Opus logicum* la *Philosophia rationalis sive Logica* qui contient en tête le *Discursus praeliminaris de philosophia in genere*. Mais il traite aussi de métaphysique et de logique, ainsi que de ce qui concerne la nature, l'objet, le domaine, la méthode et l'utilité de la philosophie dans les deux opuscules intitulés, le premier : *De differentia nexus rerum sapientis et fatalis necessitatis ... luculenta commentatio*, le second: *Monitum ad luculentam commentationem*, dans plusieurs chapitres de la *Ratio praelectionum Wolffianarum* et de la *Philosophia moralis sive Ethica*, dans divers articles des *Horae subsecivae Marburgenses* et dans bon nombre de pièces des *Meletemata Mathematico-Philosophica*, pour nous borner à ses écrits en latin. Et c'est dans ces différents ouvrages que nous avons relevé les auteurs qui y sont nommés, mais pour ce qui est des quatre derniers là seulement où il aborde les questions ayant trait à la métaphysique, à la logique et à la philosophie en général. Il s'agit donc d'un Index des auteurs auxquels il se réfère dans son oeuvre latine en y exposant celles-ci.

Ces auteurs sont très divers : philosophes, théologiens, mathématiciens, savants, juristes, médecins, poètes, orateurs, historiens, etc. ... Sans nous arrêter à cette distinction, nous les avons présentés dans l'ordre alphabétique, en indiquant leurs dates de naissance et de mort, leur prénom et, dans la mesure du possible, leur qualité quand ils sont peu connus. Pour chacun nous avons d'abord recueilli, quand il y a lieu, les jugements portés sur eux par Wolff, puis précisé les sujets à propos desquels il se réfère à eux, en les regroupant, quand ils sont nombreux, sous quelques chefs principaux classés selon un ordre à la fois alphabétique et thématique; nous avons enfin signalé ceux de leurs textes qu'il cite. Exceptionnellement nous avons fait figurer parmi eux un auteur qu'il ne nomme jamais expressément, mais auquel il fait très souvent allusion en raison de la lutte acharnée que celui-ci a menée contre sa philosophie, à savoir Joachim Lange dont il cite parfois les écrits. Nous avons aussi introduit les dénominations : Antitrinitarii, Aristotelici, Atomistae, Cartesiani, Conimbricenses, Egoistae, Enthusiasti, Gnostici, Scholastici, Sociniani, Stoici, Ubiquitarii, malgré leur indétermination relative, ainsi que les appellations:

Systema causarum occasionalium, Systema harmoniae praestabilitae, Systema influxus physici, plutôt que de les placer sous le nom de ceux qui ont forgé les hypothèses qu'elles désignent, parce que celui de beaucoup d'autres auteurs est mêlé à leur histoire.

A propos des questions ci-dessus évoquées, Wolff se réfère aussi souvent à l'Ecriture, parfois en la citant. Après l'*Index auctorum,* nous avons établi la liste de ces textes, selon l'ordre communément adopté pour classer les livres de l'Ancien et du Nouveau Testament, et en utilisant les abréviations dont on se sert habituellement pour les désigner.

Dans tous ces cas, nous avons donné les références aux ouvrages susdits de Wolff selon le code indiqué à la suite de cet avant-propos.

Quant à ceux des autres auteurs dont il cite des passages, nous n'avons mentionné, dans le corps de l'*Index auctorum,* que les premiers mots de leur titre. La nomenclature de leurs titres complets, avec leur date et leur lieu de publication, est dressée après l'*Index locorum Scripturae sacrae*.

Pourquoi un tel Index, d'allure si peu usitée, surtout à notre époque où fleurissent les méthodes lexicographiques automatisées? D'abord, parce qu'il constitue le complément de notre réédition des traités latins de métaphysique et de logique. Ensuite, parce qu'il aidera à mettre en lumière que Wolff a su allier à une immense culture une réflexion critique souvent approfondie sur les doctrines antérieures à la sienne ou contemporaines d'elle et, en permettant de retrouver facilement la façon dont il a reçu, interprété et transmis celles-ci, à mieux faire apprécier le rôle qu'il a joué dans l'histoire des idées.

*

* *

Voici les abréviations servant à désigner parmi les ouvrages de Wolff:

a) ceux qui ont été entièrement recensés:

- *Luc. com.* : *De differentia nexus rerum sapientis et fatalis necessitatis, nec non systematis harmoniae praestabilitae et hypothesium Spinosae luculenta commentatio, in qua simul genuina Dei existentiam demonstrandi ratio expenditur et multa religionis naturalis capita illustrantur*, Halae Magdeb., 1724, 1737.

- *Monit.* : *Monitum ad luculentam commentationem de differentia nexus rerum sapientis et fatalis necessitatis, quo nonnulla sublimia metaphysicae ac theologiae naturalis capita illustrantur*, Halae Magdeb., 1724, 1737.

Ces deux petits écrits ont été réédités sous le titre:

Opuscula metaphysica, Hildesheim, 1983.

- *Log.* : *Philosophia rationalis, sive Logica, methodo scientifica pertractata ad usum scientiarum atque vitae aptata. Praemittitur Discursus praeliminaris de philosophia in genere*, Francofurti et Lipsiae, 1728, 1732, 1740, Hildesheim, 1983.

- *Disc. Prael.* : *Discursus praeliminaris de philosophia in genere.*

- *Ont.* : *Philosophia prima sive Ontologia, methodo scientifica pertractata, qua omnis cognitionis humanae principia continentur*, Francofurti et Lipsiae, 1730, 1736, Hildesheim, 1962.

- *Cosmo.* : *Cosmologia generalis, methodo scientifica pertractata, qua ad solidam imprimis Dei atque naturae, cognitionem via sternitur*, Francofurti et Lipsiae, 1731, 1737, Hildesheim, 1964.

- *Psycho. emp.* : *Psychologia empirica, methodo scientifica pertractata, qua ea, quae de anima humana indubia experientiae fide constant, continentur et ad solidam universae philosophiae practicae ac theologiae naturalis tractationem via sternitur*, Francofurti et Lipsiae, 1732, 1736, Hildesheim, 1968.

- *Psycho. rat.* : *Psychologia rationalis, methodo scientifica pertractata, qua ea, quae de anima humana indubia experientiae fide innotescunt, per essentiam et naturam animae explicantur, et ad intimiorem naturae ejusque autoris cognitionem profutura proponuntur*, Francofurti et Lipsiae, 1734, 1740, Hildesheim, 1972.

- *Theo. nat., I : Theologia naturalis methodo scientifica pertractata; Pars prior integrum systema complectens, qua existentia et attributa Dei a posteriori demonstrantur*, Francofurti et Lipsiae, 1736, 1739, Hildesheim, 1978.

- *Theo. nat., II : Theologia naturalis methodo scientifica pertractata. Pars posterior, qua existentia et attributa Dei ex notione entis perfectissimi et natura animae demonstrantur et Atheismi, Deismi, Fatalismi, Naturalismi, Spinosismi, aliorumque de Deo errorum fundamenta subvertuntur*, Francofurti et Lipsiae, 1737, 1741, Hildesheim, 1981.

- *Eth., I : Philosophia moralis sive Ethica, methodo scientifica pertractata. Pars prima, in qua agitur de intellectu et facultatibus ceteris cognoscendi in ministerium ejus perficiendis atque virtutibus intellectualibus*, Halae Magdeburgicae, 1750, Hildesheim, 1970.

b) ceux qui ne le sont qu'en partie:

- *Eth., II : Philosophia moralis sive Ethica, methodo scientifica pertractata. Pars secunda in qua agitur de voluntate et noluntate una cum appetitu sensitivo et*

aversione sensitiva perficienda et emendenda, Halae Magdeburgicae, 1750, Hildesheim, 1970,
c.1-4, p.1-724.

- *Eth., III : Philosophia moralis sive Ethica, methodo scientifica pertractata. Pars tertia, in qua agitur de virtutibus, quibus praxis officiorum erga Deum et omnis religio naturalis continetur*, Halae Magdeburgicae, 1750, Hildesheim, 1970,
praefatio, c.1, p.1-201.

- *Eth., V : Philosophia moralis sive Ethica, methodo scientifica pertractata. Pars quinta, sive ultima, in qua agitur de virtutibus, quibus praxis officiorum erga alios continetur*, Halae Magdeburgicae, 1753, Hildesheim, 1973,
praefatio.

- *Ratio : Ratio praelectionum Wolfianarum in Mathesin et Philosophiam universam*, Halae Magdeb., 1718, 1735, Hildesheim, 1972,
sectio II, c.1-3, p.107-166.

- *Horae : Horae subsecivae Marburgenses quibus philosophia ad publicam privatamque utilitatem aptatur*, 3 volumes, Francofurti et Lipsiae, 1729-1741, Hildesheim, 1983.

Les articles que contiennent ces trois volumes auxquels nous renvoyons sous le sigle : *Horae, I, II* ou *III*, suivi de l'indication des pages, sont répartis en 12 livraisons correspondant aux trimestres des années 1729, 1730 et 1731. Dans le volume I, le numéro des pages marqué d'un astérisque désigne celles du trimestre d'été dont la première est marquée : 167, alors que le précédent se termine à la page 365.

Notre relevé couvre :

dans le volume I, les articles : 1, 3, 4 du trimestre d'hiver, p.1-37, 107-154, 154-175; 1, 3, 4 du trimestre de printemps, p.177-230, 269-320, 320-350; 1 du trimestre d'été, p.167^{x}-248^{x}; 3 du trimestre d'automne, p. 425^{x}-478^{x},

dans le volume II; les articles : 2, 3 du trimestre d'hiver, p.84-150, 150-166; 1 du trimestre d'été, p.371-434; 3, 4 du trimestre d'automne, p.660-683, 683-720,

dans le volume III, les articles : 1, 3 du trimestre d'hiver, p.1-106, 123-141; 3 du trimestre de printemps, p.281-327; 1, 2 du trimestre d'été, p.385-479, 480-542; 4 du trimestre d'automne, p.681-719.

- *Melet.* : *Meletemata Mathematico-Philosophica cum erudito orbe literarum communicata. Quibus accedunt Dissertationes variae ejusdem argumenti et complura omnis eruditionis alia hinc illinc obvia*, Halae Magdeburgicae, 1755, Hildesheim, 1974,

sectio I, n.4, 5, 32, 34, 35, 37, p.11-18, 18-21, 116-132, 134-143, 144-151, 167-172,

sectio II, n.3, 8, p.244-267, 374-380,

sectio III (qui a sa propre pagination), n.3, 5, 6, 7,

8, 9, 11, 12, 13, 14, p.19-22, 127-128, 128-130, 130-140, 140-147, 147-153, 162-166, 167-169, 169-172, 173-197.

Tous nos renvois à ces ouvrages s'entendent de leur réédition à Hildesheim. Ils sont suivis, lorsque Wolff cite les textes de l'Ecriture indiqués ou les écrits des auteurs nommés, du sigle : (Cit.) dans le premier cas, du même sigle avec la référence à ces écrits dans le second.

Quand à propos d'un même thème il nomme un auteur dans plusieurs ouvrages, ceux-ci sont mentionnés dans leur ordre chronologique de publication. Toutefois si ce thème est exprimé de façon plus précise ou plus complète dans l'un d'eux postérieur aux autres, celui-là est placé en tête.

Index auctorum

ABAELARDUS Petrus (1079-1142)
- Il n'y a de possible que ce qui existe en acte, *Luc. com.*, §23 (marqué : §22), p.76.

AELIANUS Claudius (?-260?) sophiste et historien romain
- Ce qu'il a rapporté des menées des Athéniens contre Aristote, *Horae*, II, p.371.

ALBERTUS MAGNUS (1193-1280)
- Ses définitions : du sujet, *Ont.*, §712, p.534-535,
- de la gloire, *Psycho. emp.*, §770, p.583 (Cit. : *Top.*, lib.3, tract.1, c.8).

ALHAZENUS (965?-1039) mathématicien arabe
- Il a signalé qu'une lumière trop forte peut occulter les objets visibles, comme une lumière trop faible ou encore une lumière faible combinée avec une lumière forte, *Psycho. emp.*, not. §76, p.42.

AMANNUS Joannes Conradus (saec. XVIII) médecin allemand
- Sa description du rôle du larynx dans le langage et sa méthode pour amener les sourds-muets à entendre et à parler, *Eth.*, *I*, not. §21, p.29, *Melet.*, sect.2, n. 3, p.259, 260, 264.

AMORT Eusebius (?-1775)
- Canonicus regularis Lateranensis in ecclesia ad S. S. Crucem et S. S. Salvatorem in Polling superioris Bavariae ac Philosophiae professor, *Log.*, §1050, p.751.
- Son analyse de l'*argumentum ab invidia ductum* prêté à Le Clerc, *Ibid.*, p.751-752 (Cit. : *Nova philosophiae planetarum ... systemata ...*, Logica, sect.7, De systemate, §8, p.34-35).

ANAXAGORAS (500-428)
- Praeceptor *Socratis*, *Disc. Prael.*, not. §169, p.101, *Horae II*, p. 377.
- Accusé d'impiété parce qu'il concevait le soleil comme doué des sens et de la raison, *Disc. prael.*, not. §169,

p.101.
- Puni de mort ou d'exil, *Horae II*, p.377, 399.

ANDALA Ruardus (1665-?)
- Philosophus et Theologus in Academia Franequarana clarissimus, *Luc. com.*, §19, p.62,- strenuum *Cartesii* defensorem, *Ibid.*, §23 (marqué : §22), p.78.
- Comme Descartes il a défini la substance incorporelle par la pensée, *Luc, com.*, §23 (marqué : §22), p.78.
- Sa défense du système des causes occasionnelles, *Ibid.*, §19, p.62, *Monit.*, §15, p.29.
- Sans la théologie naturelle, on ne peut ni comprendre ni expliquer les perfections, les décrets et les opérations qui sont attribués à Dieu dans l'Ecriture, *Theo. nat., I*, not. §22, p.23 (Cit. : *Syntagma Theologico-Metaphysicum* ..., Compendium theologiae naturalis, prolegomena, §14, p.6).

ANDREAS Antonius (?-1320) franciscain italien
- Sur l'emploi des propositions identiques dans les démonstrations, *Melet.*, sect.3, n.3, p.20.

ANSELMUS Divus (1033/34-1109)
- Sa démonstration de l'existence de Dieu à partir de la notion de l'être très parfait, *Theo. nat., II*, not. §13, p.11.

Antitrinitarii
- Leur rejet de la Trinité, *Log.*, not. §974, p.698, *Theo. nat., II*, not. §431, p.395.

ANYTUS (saec.V p.c.)
- Rhetor, *Horae II*, p.372.
- Ses accusations contre Socrate, *Disc. prael.*, not. §169, p.101; *Horae, II*, p.373.

APOLLONIUS Pergaeus (circa 215 a.c.)
- Esprit systématique, *Horae I*, p.113.
- Rigueur de ses démonstrations, *Log.*, §26, p.122,

Horae II, p.93.
- Aucun de ses théorèmes n'a été contesté, *Log.*, not. §990, p.711, *Luc. com.*, §1, p.1.
- A propos : de son ellipse, *Disc. prael.*, not. §161, p.90, *Log.*, not. §238, p.239, not. §737, p.534-535, *Theo. nat.*, *II*, not. §137, p.121-122, - du procédé de Tschirnhaus pour la décrire à partir de deux cercles inégaux, *Ont.*, not. §206, p.170, - de sa parabole, *Log.*, not. §238, p.239, not. §714, p.513-514, - de ses sections coniques, *Log.*, not. §790, p.570, *Ont.*, §246, p.201, not. §264, p.217.
- A propos de ses traités, *Log.*, not. §911, p.647, - édités par Barrow à l'exception des livres V, VI, VII traduits en latin et édités par Borel, *Horae I*, p.113-114.
- Mersenne a rassemblé ses définitions et ses propositions sans leurs démonstrations, *Log.*, not. §863, p.621.

APULEIUS (circa 125 a.C.)
- Le sens qu'il a donné au mot : *inordinatio*, *Ont.*, not. §485, p.370.
- Sur la façon de s'exprimer avec les doigts, *Melet.*, sect.2, n.3, p.256.

AQUARIUS Mathias (saec. XVI) dominicain italien
- Sur l'emploi des propositions identiques dans les démonstrations, *Melet.*, sect.3, n.3, p.20.

ARCHIMEDES (277-212)
- maximum illud Graeciae lumen, *Melet.*, sect.3, n.8, p. 143, - Hero iste Mathematicus, *Horae I*, p.213[x], - summus ingenius, *Theo. nat.*, *I*, not. §43, p.37.
- Sa grande puissance d'attention, *Psycho. emp.*, §248, p.177.
- Esprit systématique, *Horae I*, p.113.
- Son utilisation de la méthode démonstrative, *Eth.*, *I*, not. §104, p.156, *Horae II*, p.92.
- Ses écrits sont scientifiques, *Log.*, not. §790, p.570.
- Sa supériorité pour son temps dans l'exposé des courbes,

Eth., *I*, not. §354, p.562, - et d'une façon générale dans tout le domaine des mathématiques, *Horae I*, p. 213[x]. - Il n'a pas décrit la façon dont il y a découvert les vérités, *Eth.*, *I*, not. §359, p.571.
- Aucun de ses théorèmes n'a été contesté, *Log.*, § 26, p.122, not. §990, p.711, *Luc. com.*, §1, p.1.
- Ses *sublimia inventa*, *Psycho. rat.*, §637, p.577.
- Son étude des spirales, *Cosmo.*, not. §312, p.234.
- Sa solution au problème du centre de gravité des courbes paraboliques, *Log.*, not. §911, p.647.
- Les principes de son traité sur l'équilibre des corps, *Horae II*, p.163, - dans lequel il a appliqué la géométrie à l'explication de la nature, *Eth.*, *III*, not. §86, p.167, *Melet.*, sect.3, n.8, p.143.
- En établissant les principes de la statique, il s'est servi du principe de raison suffisante, *Ont.*, § 71, p.49, - lequel peut être tiré de son exemple : *aequalia gravia ab aequalibus longitudinibus aequiponderare*, *Ont.*, §73, p.52.
- Son estimation des forces mortes, *Cosmo.*, not. § 480, p.372.
- L'*Arenarius*, *Psycho. rat.*, §461, p.381, *Theo. nat.*, *I*, not. §43, p.37.
- Il a demandé que soit inscrite sur sa tombe sa découverte du rapport de la sphère au cylindre circonscrit, *Log.*, not. §1013, p.731.
- L'édition de ses traités par Barrow, *Horae I*, p. 113.
- Mersenne a rassemblé ses définitions et ses propositions sans leurs démonstrations, *Log.*, not. §863, p. 621.

ARISTARCHUS Samius (310?-230?)
- D'après Plutarque, Cléanthe a estimé que les Grecs ont dû penser que ses conceptions astronomiques étaient contraires à la religion, *Horae II*, p.378.

ARISTIDES Aurelius (129-189?)
- Sur la notion de tempérance, *Log.*, not. §1165, p. 816.

ARISTOPHANES (circa 425 a.C.-?)
- Poetam comicum, *Horae II*, p.373.
- Poussé par Melitus à calomnier Socrate, *Ibid.*, p.373, 403, 404.
- Il s'est moqué des philosophes, *Eth.*, *III*, not. §24, p.39.

ARISTOTELES (384-322)
- Philosophum summum, *Psycho. emp.*, praefatio, p.8[x], - Philosophus ... eminens, *Log.*, not. §458, p.359, *Horae II*, p.371.

Logique

- A propos de sa logique en général, *Log.*, not. §22, p.119.
- Sa notion du confus, *Ont.* §485, p.371.
- Son échelle des prédicaments, *Psycho. emp.*, not. § 334, p.243, *Theo. nat.*, *I*, §148, p.127.
- Il a utilisé l'appellation : propositions contradictoires dans un sens tantôt restreint, tantôt large, *Log.*, §318, p.283.
- Le *Dictum de omni et nullo* fondement de l'art de raisonner, *Log.*, §402, p.328.
- Dans la déduction des propositions déterminées, il a utilisé la première figure du syllogisme, qu'il jugeait parfaite, *Melet.*, sect.1, n.37, p.172.
- Il a négligé les syllogismes en : *Barbara*, *Celarent*, *Cesare* et *Camestres*, *Ibid.*, p.168.
- Il a appelé : *assumptio* la première prémisse posée, *Log.*, not. §363,p.301, - et affirmé que la démonstration procède *ex assumptis*, *Melet.*, sect.3, n.9, p.150.
- Il a tiré sa théorie de la démonstration de la lecture assidue des *Eléments* d'Euclide, *Horae I*, p.116.
- Il a contenu la démonstration dans des limites restreintes, *Log.*, not. §498, p.379, *Eth.*, *III*, not. §13, p.17.
- Il n'a pas donné de démonstrations complètes afin de ne pas décourager le profane, *Psycho. emp.*, not. §444, p.350.

- Il a confondu l'examen de la vérité découverte avec la recherche de la vérité cachée, *Ratio*, sect.2, c.2, §6, p.120.

Morale

- Pour établir la distinction entre les vertus intellectuelles, il a tenu compte de la division des disciplines philosophiques, *Eth., I,* not. §439, p.694, - mais il n'a pris en considération que celles dites matérielles, *Ibid.*, praefatio, p.14 (non paginée), not. §143, p.236, - en tête desquelles il a placé l'intelligence, *Ibid.*, not. §403, p.637.
- Sa conception de la justice universelle, *Psycho. rat.*, not. §610, p.540.
- Sur le devoir de bien se conduire avec les autres dans les conversations et les affaires, *Eth., V,* praefatio, p.6 (non paginée).

Philosophie naturelle

- Il y a introduit des qualités occultes, *Cosmo.*, not. §189, p.149, not. §192, p.151.
- Comme Descartes il n'a pas admis de vide dans la nature, *Ont.*, not. §623, p.480, not. §624, p.481.
- Il a attribué aux corps, en plus de la matière, une forme substantielle, qu'il a appelée leur principe actif, *Cosmo.*, not. §169, p.139, not. §299, p.225, *Horae III,* p.125, 127, 128, - et qui, selon Leibniz, correspond à la force primitive, *Horae II,* p.706, 707.
- *Corpus ob formam agere, Cosmo.*, not. §361, p.262.
- Il a rangé la force passive des corps parmi leurs qualités générales, *Cosmo.*, not. §207, p.158.
- Sa définition de l'élément, *Cosmo.*, not. §184, p. 145 (Cit. : *Metaph.*, V, 2, 1014 a 26-27).
- Il n'a pas reconnu que les éléments des choses matérielles sont des substances simples, *Cosmo.*, not. § 192, p.150.
- Il a tenu le feu, l'eau, l'air et la terre élémentaire pour des corps simples, *Cosmo.*, not. §261, p.200,

not. §515, p.400.

Philosophie première

- Il a utilisé le principe de contradiction comme un axiome très général, *Ont.*, §29, p.17, - et l'a considéré comme le premier de tous les principes, *Ont.*, not. §54, p.38.
- Il n'a pas aperçu la force du principe de raison suffisante, *Cosmo.*, not. §192, p.151.
- Sa définition de la nature, adoptée par Sennert, *Cosmo.*, not. §145, p.125 (Cit.: *Phys.*,II,1,192 b 20-23). - Il n'a pas distingué entre essence et nature, *Ont.*, §169, p.138.
- Il n'a pas expliqué distinctement la notion de force, *Ont.*, §761, p.568.
- Son entéléchie est un terme obscur, *Log.*, not. §81, p.156.
- Ses définitions : du continu, *Ont.*, §568, p.440 (Cit. : *Phys.*, VI,1,231 a 22), - du temps, *Ont.*, §586 et not., p.452-453 (Cit. : *Phys.*, IV,11,219 b 1).
- Comme Descartes il n'a pas distingué l'espace des corps, *Ont.*, not. §623, p.480, - et a considéré sa notion comme imaginaire, *Ont.*, §611, p.469-470.
- Sa notion du lieu externe, *Ont.*, not. §623, p.480.
- Il n'a pas donné une notion distincte de la qualité, *Ont.*, §470 et not., p.355-357.
- Il a déduit l'existence de la substance de celle des accidents, *Ont.*, not. §791, p.593.
- Ses définitions : de la substance, *Ont.*, §771, p.575-578, - des relatifs, *Ont.*, §865, p.642-645 (Cit. : *Cat.*, VII, 6 a 36), - du principe, *Ont.*, §879, p.650, §951, p.684.
- Sa notion de cause est confuse, *Ont.*, §951, p.685. - Sa division des causes en : efficiente, exemplaire, finale, formelle et matérielle, dont s'est inspiré Proclus, *Ont.*, §951, p.687.

Psychologie

- Il a rapporté les sensations à l'âme, *Psycho. emp.*, §

742, p.559, - et a expliqué qu'elles y sont produites par la force du corps, *Monit.*, §14, p.25.
- Il a appelé *nous* la partie de l'âme qui forme les notions, juge et raisonne, *Theo. nat., I,* §130, p.104-105.
- Sa conception de la *tabula rasa,* dont s'est inspiré Locke, *Eth., III,* not. §86, p.167.
- Ses définitions : de l'amour, *Psycho. emp.,* §653, p. 489, 490, §678, p.512-513 (Cit. : *Rhetor.*, II,4,1380 b 35 - 1381 a 1), - de la pudeur, *Ibid.*, §780, p.594, - de la crainte, *Ibid.*, §826, p.627-628 (Cit. : *Rhetor.*, II,5,1382 a 21-22).
- Il a attribué la spontanéité aux êtres inanimés et aux animaux, *Psycho. emp.*, not. §933, p.702.
- L'action libre doit être spontanée, *Ibid.*, not. § 934, p.703, - et contingente, *Ibid.*, not. §935, p. 740.
- Son explication des rapports de l'âme et du corps par l'influx physique, *Luc. com.*, §19, p.61, *Monit.*, §14, p.25, §15, p.29, §18, p.35.
- Voir : Systema influxus physici.

Théologie

- Il n'a admis que la théologie naturelle et a rejeté la théologie fabuleuse et la théologie mythique, *Theo. nat.*, I, not. §1, p.3.
- Dieu n'est pas dans les prédicaments, *Ibid.*, not. § 141, p.115.
- Eurymédon l'a accusé d'impiété, *Disc. prael.*, not. §169, p.102. - Selon Lange il a ouvert la voie à l'athéisme, *Luc. com.*, §23 (marqué : §22), p.77.

Varia

- Esprit systématique, *Horae I,* p.115-116. - Mais il n'a pas rédigé sa philosophie selon la méthode démonstrative, *Horae II,* p.101.
- Il l'a divisée en théorique et pratique, *Horae I,* p. 471[x].

ARISTOTELES-Aristotelici

- Il a donné le nom de sagesse à la métaphysique, *Eth., I,* not. §439, p.694.
- Le livre du monde qui lui est attribué, *Eth., III,* not. §58, p.118.
- Le livre de Launoy sur les variations de sa fortune, *Cosmo.,* not. §116, p.103.
- Les attaques des Athéniens contre lui et ce qu'a rapporté Stanley de ses réactions en face d'elles, *Horae, II,* p.371, 372, 376.
- Averroès a parlé de lui en termes élogieux, *Cosmo.,* not. §116, p.103, - et a prétendu que sa doctrine est la suprême vérité, *Horae, II,* p.101.
- Les Scolastiques l'ont couvert d'éloges, *Cosmo.,* not. §116, p.103, - et l'ont considéré comme leur Maître, *Eth., I,* not. §333, p.521.
- Sa philosophie a flori dans l'Eglise romaine, *Monit.,* §15, p.29.
- Lorsqu'elle prévalait, on ne pouvait s'en écarter sans être mal considéré, comme les hérétiques en théologie, *Eth., I,* not. §138, p.227.
- L'Eglise luthérienne a recommandé son Ethique et sa Politique dans ses livres symboliques, *Cosmo.,* not. §116, p.103, *Theo. nat., II,* not. §659, p.655.
- Zabarella l'a loué de ne pas avoir décrit la structure de l'oeil, *Cosmo.,* not. §278, p.212.
- La tendance de Thomasius à se moquer de lui, *Cosmo.,* not. §116, p.103.
- Selon Jean du Hamel, il faut s'en tenir à son enseignement, *Disc. prael.,* not. §166, p.95.
- A propos de sa doctrine bien comprise, *Horae, II,* p. 405.

Aristotelici
- Ils définissaient la sagesse comme la science des choses sublimes, *Psycho. rat.,* not. §678, p.607.
- Ils ont admis dans leur philosophie des termes vains, *Ibid.,* not. §726, p.651.
- Ils ont appelé problème une proposition inévidente dont on peut discuter contradictoirement sans s'éloigner

de la vérité, *Log.*, not. §276, p.261-262.
- Ils ont affirmé que les essences des choses sont éternelles et nécessaires, *Ratio*, sect.2, c.2, §9, p. 143-144.
- Ils ont appelé substances secondes les créatures douées d'une force propre d'agir, *Psycho. rat.*, not. §590, p.514.
- Leur notion de relation, *Ont.*, §865 et not., p.643, 644.
- Ils n'ont pas reconnu que les éléments des choses matérielles sont des substances simples, *Cosmo.*, not. §192, p.150-151.
- Ils ont cru que le feu, l'eau, l'air et la terre élémentaire ne sont pas des mixtes, *Cosmo.*, not. § 261, p.200.
- Ils n'ont pas compris que des qualités nouvelles peuvent apparaître dans les mixtes, *Cosmo.*, not. § 263, p.202.
- Ils n'ont pas assez distingué l'âme du corps, *Psycho. rat.*, not. §51, p.34.
- Leur comparaison de l'âme avec une *tabula rasa* est une hypothèse fausse, *Psycho. rat.*, not. §429, p.346.
- Ils ont appelé l'imagination : *phantasia, Psycho. emp.*, not. §92, p.54.
- Ce qu'ils ont dénommé : *phantasmata, Ibid.*, not. §93, p.55.
- Ils étaient partisans de l'influx physique, *Psycho. rat.*, not. §560, p.481, §563 et not., p.483, not. §610, p.541, *Luc. com.*, §21, p.68.
- Voir : Systema influxus physici.
- Ils ont attribué une âme aux bêtes, *Psycho. rat.*, not. §749, p.667.
- A propos de ce qu'ils ont dit de Dieu, *Luc. com.*, §23 (marqué : §22), p.77.
- Ils ont considéré l'intelligence comme la première des vertus intellectuelles, *Eth.*, *I*, not. §377, p. 605, - mais l'ont restreinte au domaine théorique, *Ibid.*, not. §381, p.610.
- Parmi les vertus concernant la pratique de nos de-

voirs envers les autres, il rangeaient : la mansuétude, la véracité, l'humanité, l'urbanité et la justice, *Eth., V,* praefatio, p.5 (non paginée).
- Euclide a conçu la démonstration de façon plus large qu'eux, *Eth., III,* not. §13, p.17.
- Les arguments de Galilée contre eux à propos du poids de l'air, *Melet.,* sect. 3, n.8, p.142.
- Locke a tiré ses notions imaginaires de leur *tabula rasa, Eth., III,* not. §86, p.167.

ARNALDUS Antonius (1612-1694)
- Il a approuvé Ramus d'avoir critiqué la répartition euclidienne des genres et des espèces, *Ont.,* not. § 246, p.202.

Atomistae
- Ils n'ont pas établi la possibilité des atomes matériels, *Theo. nat., I,* not. §53, p.44, - et ont mal usé d'eux, *Cosmo.,* not. §242, p.186.
- Ils les ont conçus comme indivisibles, *Cosmo.,* not. §182, p.146, - et différant les uns des autres par leur masse et leur forme, *Ibid.,* not. §188, p.149.
- Dans leur hypothèse, les atomes sont des substances primaires et les corps qui résultent de leur combinaison des substances secondaires, *Theo. nat. II,* not. § 310, p.276, not. §313, p.278. - Ils ont attribué aux premiers les propriétés des seconds, *Ont.,* not. §793, p.594.
- Ils ont conçu le chaos comme un amas d'atomes séparés par le vide, *Theo. nat., II,* not. §401, p.359.
- De la forme des atomes, qu'ils jugeaient arbitraire, *Cosmo.,* not. §190, p.150, - ils dérivaient la cohésion des corps, *Ibid.,* not. §289, p.219.
- Leibniz a adopté leur hypothèse, *Horae, II,* p.699.

AUGSBURGIUS Joannes Christianus (saec. XVIII) juriste allemand
- La préface de Wolff à ses *Jura de dominio pactisque dominium acquisivitis, Melet.,* sect. 3, n.11, p.162-166.

AUGUSTINUS Divus (354-430)
- ille Doctorum Apex et Aquila, *Horae, II,* p.405.
- Sa réponse à propos de la nature du temps, *Ont.,* § 586, p.451.
- Ses définitions : du repentir, *Psycho. emp.,* not. §760, p.574, - de la gloire, *Ibid.,* §770, p.584.
- Selon lui la volonté libre de l'homme est contenue dans l'ordre des causes, *Monit.,* §6, p.11, §14, p.25, - comme l'a noté Leibniz, *Melet.,* sect. 1, n.35, p. 146-147.
- Il était créatianiste, *Psycho. rat.,* not. §699, p. 622, - et a rejeté le traducianisme, *Ibid.,* not. § 703, p.624-625.
- Il n'a appelé théologie que la théologie révélée, *Theo. nat.,* I, not. §1, p.2.
- Il a défendu la nécessité, l'éternité et l'immutabilité des essences, *Luc. com.,* §12, p.32 (Cit. : *De diversis quaestionibus ...,* qu.46, De ideis, §2), *Ibid.,* p.34, *Monit.,* §14, p.27.
- Il a admis la prédétermination des évènements dans leurs causes à partir de laquelle Dieu peut prévoir l'ordre de celles-ci, *Luc. com,* §15, p.51 (Cit. : *De civitate Dei,* V,9,§3).
- Wolff lui a prêté d'avoir soutenu que ce monde est le meilleur de tous ceux qui sont possibles, *Log.,* not. §1070, p.764, not. §1092, p.775, *Theo. nat., I,* praefatio, p.23^{x}, not. §382, p.358, not. §406, p.377.
- Il a combattu l'affirmation que tous les hommes ne sont pas nés d'Adam et donc qu'ils n'ont pas tous été rachetés par le Christ et n'appartiennent pas tous à la cité de Dieu, *Horae, I,* p.228-229.
- Il a affirmé contre Faustus qu'il n'y a pas de religion sans cérémonies extérieures, *Eth., III,* praefatio, p.15 (non paginée).
- Les controverses de son temps sur la différence entre la nature et la grâce, *Theo. nat., II,* not. §577, p. 563.
- A propos de ses préceptes : "sententiam tenere, linguam corrigere", *Log.,* not. §1032, p.740 (Cit. : *De*

civitate Dei, V,1), - "linguam temperari, veritatem retineri", *Theo. nat., I*, not. §1036, p.1012 (Cit. : *Sermo 213*).
- Il s'est efforcé en vain d'expliquer que Tertullien n'était pas matérialiste, *Psycho. rat.*, not. §701, p. 624.
- Selon Mersenne, la doctrine de Descartes est en accord avec la sienne, *Horae, II*, p.404.

Autor ad Herennium (peut-être CORNIFICIUS Lucius saec.VII)
- A propos de l'art mnémotechnique, *Psycho. emp.*, not. §204, not. §205, p.142.

AVERROES (1126-1198)
- Son éloge d'Aristote, *Cosmo.*, not. §116, p.103, - dont il a dit que la doctrine est la suprême vérité, *Horae, II*, p.101.

AVICENNA (980-1037)
- Non seulement les éléments ne disparaissent pas dans les mixtes, mais ils y gardent leurs qualités, *Cosmo.*, not. §263, p.202.

BACCO (BACO) Rogerus (1214-1294)
- Sur l'apport des mathématiques aux autres disciplines, *Melet.*, sect. 3, n.8, p.144.

BACO Verulamius Franciscus (1561-1626)
- Sa contribution au perfectionnement de l'*ars inveniendi a posteriori*, *Eth.*, *I*, not. §348, p.553.
- Des expériences qu'il a décrites n'ont pu suivre des progrès considérables dans les sciences, *Melet.*, sect. 3, n.8, p.142.
- A propos des *idola tribus*, *Theo. nat.*, *I*, not. §1036, p.1011, *Eth.*, *I*, not. §109, p.170, - et des *idola fori*, *Ibid.*, not. §113, p.178.
- Il a dénoncé le danger qui naît de l'introduction des êtres imaginaires dans la philosophie naturelle, *Eth.*, *I*, not. §375, p.603.

BAELIUS Petrus (1647-1706)
- Celeberrimus Dictionarii Critici Autor ... cujus in judicando acumen praedicant omnes, *Luc. com.*, §18, p. 58.
- Son jugement sur l'harmonie préétablie, *Luc. com.*, § 18. p.58 (Cit. : *Dictionnaire ...*, art. *Rorarius*), - ses objections contre, *Psycho. rat.*, not. §612, p.542.
- Il tenait pour impossible le mécanisme du corps qu'elle suppose, *Luc. com.*, §21, p.70, *Eth.*, *III*, not. § 39, p.81, - et pensait que si l'on concède qu'il est possible, on étend la sagesse de Dieu *ad impossibilia*, *Psycho. rat.*, not. §617, p.549.
- Leibniz a recommandé à Wolff de lire l'article *Rorarius*, *Ratio*, sect. 2, c.2, §8, p.143.

BARONIUS Robertus (saec. XVII)
- A propos de son traité : *Philosophia Theologiae ancillans*, *Horae*, *I*, p.425[x].

BARROWIUS Isaacus (1630-1677)
- Geometra praestantissimus, *Log.*, not. §238, p.239.
- A propos de ses *Lectiones geometricae*, *Ont.*, not. §

246, p.202.
- De la définition génétique des courbes, il a déduit leurs propriétés, *Ont.*, not. §262, p.215, not. §264, p.217, *Log.*, not. §238, p.239, not. §735, p.533, *Cosmo.*, not. §312, p.234.
- Sa défense d'Euclide, *Horae, II*, p.93.
- Son édition des traités d'Archimède, Apollonius et Théodose, *Horae, I*, p.113.

BAYERUS Joannes Gulielmus (1615-1729) théologien luthérien allemand
- Theologus eximius, *Horae, I*, p.451[x].
- Sa conception de la théologie morale, *Ibid.*, p.451[x].
- Sa recension des signes de l'action de l'homme chrétien, *Horae, I*, p.457[x].

BECANUS : Voir MARTINUS Becanus.

BECHMANNUS Friedmannus (1628-1703)
- Celebris quondam Ienensium Theologus [Lutheranus], *Luc. com.*, §13, p.38, - Theologus eximius, *Horae, III*, p.40.
- A propos de la nécessité hypothétique du monde, *Luc. com.*, §13, p.38-39 (Cit. : *Annotationes uberiores in Compendium Theologicum Leohnardi Hutteri* ..., Locus V, qu.2, §10, p.344), *Melet.*, sect. 1, n.35, p.146.
- La prescience divine n'entraîne pas la nécessité absolue des choses, *Luc. com.*, §13, p.39-40 (Cit. : *Annotationes uberiores* ..., Locus II, qu.2, §14, p.16).
- Elle requiert seulement qu'elles soient certainement futures, *Ibid.*, §15, p.50-51 (Cit. : *Annotationes uberiores* ..., Locus II, qu.2, §6, p.82, §13, p.86).
- Il a reconnu l'utilité d'une véritable science des cas de conscience, *Horae, III*, p.40-42 (Cit. : *Tractatus de casibus conscientiae*, praefatio, p.2).
- Son commentaire du *Compendium theologiae* de Hutterus, *Luc. com.*, §13, p.38, §15, p.50.

BECKMANNUS Nicolaus (saec. XVII)
- Juris professor, *Horae, II*, p.384, - Collega degener *Puffendorfii, Ibid.*, p.393, - adversarius *Puffendorfii, Ibid.*, p.404.
- Ses attaques haineuses contre Puffendorf, *Ibid.*, p. 391, 392, 393, 398, 399, 401, 402, 404, 405, 412, 414, 422, 426.

BEDA Venerabilis (677-735/738)
- A propos de la façon de s'exprimer avec les doigts, *Melet.*, sect. 2, n.3, p.256.

BELLARMINUS Robertus (1542-1621)
- L'ascension de l'âme vers Dieu, *Theo. nat.*, *I*, not. §817, p.806.

BERGERUS Joannes Henricus (1657-1732) juriste allemand
- Virum per-Illustrem, *Horae, II*, p.140.
- Il n'a pas respecté l'ordre des *tituli* du *Corpus juris civilis* de Justinien, *Ibid.*, p.140.

BERKELEY Georgius (1685-1753)
- Idealista, *Psycho. rat.*, not. §36, p.25, *Luc. com.*, § 23 (marqué : §22), p.75.

BERNOUILLI Jacobus (1654-1705)
- Ses découvertes en mathématiques, *Horae, II*, p.164.
- Il a résolu les problèmes physico-mathématiques en faisant appel à la géométrie, *Psycho. emp.*, §470, p.364.
- Ses expériences pour déterminer la cause de la cohésion des corps, *Cosmo.*, not. §285, p.216, not. §286, p. 217.
- Son *ars conjectandi* ressortit à la logique des probables, *Log.*, not. §595, p.443.

BERNOUILLI Joannes (1667-1747)
- Vir celeberrimus ... judex harum rerum [i.e. mensurae virium vivarum] competens, *Cosmo.*, not. §483, p.375, - Vir in omni eruditionis genere summus, *Melet.*, sect. 3,

n.8, p.144.
- Ses découvertes en mathématiques, *Horae, II,* p.164.
- Il a fait avancer le nouveau genre de calcul découvert par Leibniz et grâce auquel on peut étudier mathématiquement la nature, *Melet.*, sect. 3, n.8, p.144.
- Son explication des mouvements célestes, *Ont.*, not. § 50, p.33.
- Ses remarques à propos de l'explication des forces centrales par Newton, *Eth., II,* not. §475, p.578.
- Ses lettres dans la seconde édition du traité des jeux de hasard de Rémond de Montmort, *Log.*, not. §595, p.443.

BERNOUILLI Nicolaus (1695-1726)
- Ses lettres dans la seconde édition du traité des jeux de hasard de Rémond de Montmort, *Log.*, not. §595, p.443.

BERNSAU Henricus Gulielmus (saec. XVIII) théologien allemand
- La préface de Wolff à sa *Theologia dogmatica*, *Melet.*, sect. 3, n.13, p.169-172.

BETTINUS Marius (1578-1657) professeur de philosophie et de mathématiques
- Jesuita Bononiensis, *Melet.*, sect. 2, n.3, p.255.
- Son hypothèse sur la vue à longue distance, *Ibid.*, p. 255-256.

BEVERLEY Thomas (saec. XVII)
- La lettre que Wallisius lui a envoyée à propos de ses expériences sur la façon d'amener les sourds-muets à entendre et à parler, *Eth., I,* not. §21, p.29.

BILFFINGERUS Georgius Bernardus (1693-1750)
- Vir acumine praestans ... Philosophus in Academia Tubingensi clarissimus, *Luc. com.*, §3, p.4, - Philosophus apud Tubingenses eximius, *Ibid.*, §18, p.59.
- Son exposé et sa défense de l'harmonie préétablie,

Psycho. rat., not. §609, p.538, not. §612, p.543, *Luc. com.*, §18, p.59-61.
- Ses jugements : sur la négation de l'existence de Dieu à partir de celle de l'harmonie préétablie, *Psycho. rat.*, not. §628, p.564, - sur la preuve wolffienne de l'existence de Dieu, *Luc. com.*, §3, p.4-5 (Cit. : *De harmonia animi et corporis humani ... praestabilita ...*, sect. 7, §255, nota 239, p.256-257), *Ibid.*, §4, p.7.

BLANCHINUS (BIANCHINI) Franciscus (1662-1723)
- Papae Praelatus domesticus, *Horae, I*, p.299.
- Ses observations relatives à Vénus, *Ibid.*, p.299, 300, 301.

BLASIUS Gerhardus (?-1682) médecin hollandais
- Ses études sur l'anatomie des animaux, *Log.*, not. § 686, p.498.

BOETIUS Anicius Manlius Torquatus Severinus (455-524)
- Sa définition de la gloire, *Psycho. emp.*, §770, p.583, 584 (Cit. : *Liber de definitione*).

BOHN Joannes (1640-1718) médecin allemand
- Magn. Dn. D. Bohn, *Melet.*, sect. 2, n.3, p.262.
- Sur la physiologie de l'audition, *Ibid.*, p.262.

BOIVIN Joannes Gabriel (saec. XVII)
- in Provincia Franco-Parisina strictioris observantiae et apud Fratres Minores Virienses Professor, *Luc. com.*, §12, p.32.
- Sa critique de la déduction par les Thomistes de la réalité et de l'actualité des essences à partir de leur nécessité et de leur immutabilité, *Ibid.*, p.32.

BONTEKOE (DECKER) Cornelius (1646?-1685) médecin hollandais
- Sur les signes des aliments salubres, *Horae, III*, p. 89-90.

BORELLUS Alphonsus (1608-1679) mathématicien italien
- Son *De motu animalium*, *Log.*, not. §4, p.108, not. § 11, p.112.
- Il a traduit en latin et édité les livres V, VI, VII d'Apollonius, *Horae*, *I*, p.113-114.

BORELLUS Petrus (1620-1689) médecin français
- Sa dissertation sur le véritable inventeur du télescope, *Log.*, not. §944, p.670, *Eth.*, *I*, not. §357, p. 565.

BOSSES Bartholomaeus des (1668-1728)
- Theodiceae interpres, *Luc. com.*, §18, p.57.
- Il estimait que le système de l'harmonie préétablie est très favorable à la liberté humaine, *Ibid.*, p.57, 60 (Cit. : *Monitum Interpretis* en tête de sa traduction de la *Théodicée*).

BOURIGNONIA Antonia (1616-1680)
- Les possibles dépendent de la volonté de Dieu, *Monit.*, §15, p.28.

BOYLIUS Robertus (1626-1691)
- Il a chassé les monstres de la philosophie naturelle, *Eth.*, *I*, not. §375, p.603, - et combattu la nature comme une idole, *Cosmo.*, not. §508, p.395, *Psycho. rat.*, not. §605, p.532, *Theo. nat.*, *II*, not. §696, p.704, - ainsi que les forces attractives, *Eth.*, *I*, not. §375, p.603, *Eth.*, *III*, not. §86, p.167.
- Il a dérivé la forme des choses des principes mécaniques, *Horae*, *II*, p.708.
- Sur ses expériences en général, *Log.*, not. §807, p.582, - en chimie, *Eth.*, *I*, not. §350, p.555, - et pour prouver le poids de l'air, *Log.*, not. §1069, p.763, *Eth.*, *I*, not. §348, p.551, *Melet.*, sect. 3, n.8, p.142,
- Le *compendium* de ses oeuvres par Shaw, *Log.*, not. §772, p.552, *Cosmo.*, not. §65, p.62.

BRAHE Tycho (1546-1601)
- Il a admis que le soleil est le centre du mouvement des planètes, mais pas que la terre tourne autour du soleil, *Disc. prael.*, not. §160, p.89, not. §168, p. 98, - ni sur elle-même, *Log.*, not. §1206, p.843-844.
- Sur son système, *Cosmo.*, not. §59, p.58, not. §63, p.61, *Theo. nat.*, *I*, not. §446, p.415, - et ses observations, *Horae*, *I*, p.293-294, *Horae*, *II*, p.164.
- Sur la vue à longue distance, *Melet.*, sect. 2, n.3, p.256.

BRUNUS JORDANUS (1550-1600) dominicain italien
- Mort brûlé vif, *Horae*, *II*, p.396.

BUDDEUS Joannes Franciscus (1667-1729) théologien luthérien allemand
- Il a propagé le matérialisme sceptique, *Theo. nat.*, *II*, not. §616, p.604.

BURMANNUS Franciscus (1671-1719) l'interlocuteur de Descartes dans le fameux *Entretien*
- Theologus eximius ... Academiae Trajectinae ad Rhenum quondam insigne decus ... quod inter successores *Voetii* in eadem cathedra numeratur, *Horae*, *II*, p.419, - celebrem ecclesiae Reformatae doctorem, *Luc. com.*, §13, p.40.
- Il n'a pas hésité à se servir des arguments de Descartes en théologie, *Horae*, *II*, p.419.
- Le décret de Dieu est unique, *Luc. com.*, §13, p.40 (Cit. : *Synopsis Theologiae* ..., lib. I, c.37, §20, p. 239,240).

CAESAR Julius Caius (100-44)
- Exemple remarquable d'attention simultanée à plusieurs objets, *Psycho. emp.*, §245, p.174, §248, p.177, §251, p. 182, *Eth., I,* not. §43, p.61.
- Il a souvent appelé hauteur la profondeur des fleuves, *Theo. nat., I,* §692, p.660.

CALLISTHENES (365?-338) disciple et contemporain d' Aristote
- Sur les observations astronomiques des Babyloniens qu' il a communiquées à Aristote, *Eth., III,* not. §58, p. 118.

CAMPANELLA Thomas (1568-1639)
- e Domninicanorum familia, qui adhuc adolescens eximii ac supra humanae conditionis vires ingenii signa dedit, *Horae, II,* p.379. - Sublime *Campanellae* ingenium et acumen singulare hodienum admirantur, qui ipsimet ingenii et acuminis gloria ceteris mortalibus praestant, *Ibid.*, p. 425.
- Les accusations des Franciscains contre lui, *Horae, II,* p.379, 390, 392, 396, 397, 399, 402, 408, 411, 412, 414, 419, 420, 425, *Disc. prael.*, not. §153, p.81.
- Il a préféré mourir plutôt que de perdre l'honneur, *Psycho. emp.*, §928, p.699.
- Sa résistance à la torture d'après Nicius, *Ibid.*, § 927, p.696, *Horae, II,* p.379-380.
- Sa lettre à Gassendi sur la nécessité d'un système philosophique, *Log.*, praefatio, p.12^{x}-13^{x} (Cit. : cette Lettre).
- Sa grammaire, sa rhétorique, sa poétique philosophiques et son historiographie, *Disc. prael.*, not. §72, p.34.
- En tant que les maux dépendent de Dieu, ils ne sont pas des maux pour lui, *Theo. nat., I,* not. §688, p.651. - Si ce qui arrive dans le monde est rapporté à Dieu, il n'y a pas de mal dans le monde, *Ibid.*, not. §689, p.655, not. §893, p.870.
- Sa définition de la fièvre, *Log.*, not. §589, p.441 (Cit.: *Medicinalium ... Libri septem ...*, lib. VII, c.1, art.2, p.

598-601).

CARAMUELIS (von LOBKOWITZ) Joannes (1606-1682) théologien catholique espagnol
- Sur la façon de s'exprimer avec les doigts, *Melet.*, sect. 2, n.3, p.256.

CARBO a COSTACIARIO Ludovicus (saec. XVI) théologien catholique italien
- C'est par lui que Wolff a appris à connaître la doctrine thomiste, *Monit.*, §5, p.9.
- Sur la preuve de l'existence de Dieu par la contingence, *Luc. com.*, §3, p.4.
- Dieu et la nature font ce qu'il y a de meilleur dans le tout, non dans les parties, *Theo. nat., I,* not. § 551, p.499 (Cit. : *Compendium absolutissimum totius summae theologiae D. Thomae ...*, Ia, qu.48, art. 2, concl. 4, p.85 A).
- Sur l'éternité du monde, *Luc. com.*, §17, p.55-56 (Cit. : *Compendium absolutissimum ...*, Ia, qu.46, art. 2, p.83 A, concl. 1, p.96).
- A propos de la limitation des choses contingentes, *Monit.*, §4, p.7, de la connaissance qu'a Dieu de lui-même et des choses, *Ibid.*, §17, p.33, des actes de sa volonté, *Theo. nat., I,* not. §1203, p.1066, de la nécessité conditionnelle qu'elle impose aux choses, *Monit.*, §4, p.7, des rapports de sa puissance avec sa prescience, *Ibid.*, p.7, et sa sagesse, *Ibid.*, §14, p.27, de la permission du mal, *Ibid.*, p.27, de la présence de Dieu, *Theo. nat., I,* not. §1042, p.1015, Wolff cite des textes du *Compendium absolutissimum,* pars I, qu.19, art. 3, p. 35 B, qu.13, art. 8, p.18 B, qu.15, art. 2, p.29 B, qu. 20, art. 1, p.38 B, qu.19, art. 8, p.37 B, qu.25, art. 5, p.48 A, art. 6, p.48 B, qu.22, art. 2, p.41 B, qu.8, art. 2, concl. 1, p.12 A, qu'il attribue à tort à saint Thomas.

CARDANUS Hieronymus (1501-1575)
- Son estime pour le plaisir lié à la connaissance de la

vérité, *Psycho. emp.*, not. §532, p.411.

CARNEADES (219-129)
- Laudatur eo nomine inter Graecos Philosophos *Carneades*, quod pro falso non minus, quam pro vero vires eloquentiae intendere potuerit, *Eth. I*, not. §114, p.179.
- Il a été appelé par Cicéron: "homo omnium in dicendo acerrimus et copiosissimus", *Ibid.*, p.179-180.

Cartesiani

Ame

- Ils ont affirmé qu'il est plus facile de connaître son existence que celle du corps, *Theo. nat.*, *II*, not. §635, p.627.
- Leur conception de la substance pensante n'est pas satisfaisante, *Ratio*, sect. 2, c.3, §21, p.149.
- Ils ont appelé pensée l'acte de l'entendement et celui de la volonté, *Theo. nat.*, *I*, not. §1106, p.1072.
- L'aperception est la marque de la spiritualité, *Psycho. rat.*, not. §751, p.669.
- Ce qui n'est pas matériel est caractérisé par le manque d'étendue, *Log.*, not. §211, p.222.
- La substance immatérielle n'est pas totalement indépendante de la matière, *Luc. com.*, §23 (marqué : §22), p.76.

Connaissance

- Ils tenaient pour vrai ce qui est connu clairement et distinctement, *Melet.*, sect. 2, n.3, p.246.
- Ils ont nié que les couleurs appartiennent aux corps telles qu'elles apparaissent, *Horae*, *III*, p.424.
- Leibniz a démontré contre eux que nous pouvons croire avoir une notion alors que nous n'en avons pas, *Log.*, not. §135, p.178.

Corps et étendue

- Ils tenaient pour synonymes les termes de corps et d'étendue, *Ont.*, not. §550, p.429-430, - et l'étendue

pour la substance des corps, *Horae, III,* p.124-125.
- Ils considéraient l'étendue comme une substance, *Theo. nat., II,* not. §674, p.676.
- Tous n'éliminaient pas des corps la force active, *Ont.,* §795, p.596.
- Leur notion de corps n'est pas admise par les Idéalistes, *Theo. nat., II,* not. §645, p.641.

Mouvement

- Leur participation à la controverse au sujet de la conservation des forces vives, *Cosmo.,* not. §481, p. 373.
- Ils ont ignoré qu'il faut attribuer l'élasticité aux corps, du fait qu'ils rebondissent, *Cosmo.,* not. §488, p.379.
- Tous les mouvements de ce monde sont produits sans force créée par la vertu même de Dieu, *Theo. nat., I,* not. §159, p.142.
- Leur mouvement transcréé d'un sujet dans un autre est une qualité occulte, *Theo. nat., I,* not. §436, p. 406.

Philosophie première

- Ils ont défini le possible : ce qui peut être perçu clairement et distinctement; Tschirnhaus est d'accord avec eux, *Ont.,* §103, p.85.

Rapports de l'âme et du corps

- Ils ont nié l'action de l'âme sur le corps et celle du corps sur l'âme, mais ont admis que Dieu puisse agir sur l'un et l'autre, *Psycho. rat.,* not. §609, p.537-538.
- Persuadés que Descartes avait suffisamment prouvé que le corps et l'âme sont totalement dépourvus de toute force motrice, ils n'ont pas trouvé absurde de recourir à Dieu pour expliquer leurs modifications harmoniques, *Psycho. rat.,* not. §593, p.516.

- Ils estimaient que la correspondance des modifications de l'âme avec celles du corps est arbitraire, *Psycho. rat.*, §594, p.516-517.
- Les Cartésiens modernes ont estimé que le système de Leibniz est l'explication rationnelle de celui de Descartes, *Monit.*, §15, p.30.
- Voir : Systema causarum occasionalium.

Varia

- Ils ont nié l'inconscient, *Theo. nat., I*, not. §235, p.212.
- Leur définition de la pitié, *Psycho emp.*, §696, p. 526.
- Ils ont refusé une âme aux animaux et les ont considérés comme de pures machines, *Psycho. emp.*, not. § 701, p.532, *Psycho. rat.*, not. §749, p.666, 667, not. §753, p.670.
- Ils ont défini Dieu comme l'être très parfait, *Log.*, not. §226, p.230, *Theo. nat., II*, not. §413, p.371.
- Leur influence sur Poiret, *Theo. nat., I*, not. §311, p.311.
- D'après Lange, ils ne constituent pas la millième partie des érudits, *Luc. com.*, §24 (marqué : §23), p. 80.

CARTESIUS Renatus (1596-1650)
- Fulgens istud Galliae fidus, *Theo. nat., II*, dedicatio, p.9[x]. - Eminet inter Gallos *Cartesius*, singularibus in Mathesin et Philosophiam meritis inclytus, *Horae, I*, p.199[x]. - Philosophus summus, *Horae, II*, p.687. - intellectus systematici exemplum praebet, *Horae, I*, p. 118, 121-122. - Nullibi ... in scriptis suis nominatim perstringit alios, *Horae, I*, p.199[x]. -

Ame

- Nos propres pensées nous enseignent qu'il y a en nous quelque chose d'autre que le corps, *Log.*, not. §892, p. 636.

- Il a parfaitement distingué l'âme du corps, *Psycho. rat.*, not. §658, p.597, - mieux que les Aristotéliciens, *Ibid.*, not. §51, p.34.
- De ce qui se produit en nous relève de l'âme ce dont nous sommes conscients; du corps, ce dont nous ne le sommes pas, *Melet.*, sect. 1, n.3, p.245.
- Il a bien vu que nous connaissons l'âme mieux que le corps, mais il a porté un jugement trop rapide sur sa nature et son essence, *Psycho. emp.*, not. §22, p.16.
- Définition de l'âme par la pensée, *Theo. nat.*, *II*, not. §677, p.678, *Luc. com.*, §23 (marqué §22), p.77, 78. - Tout ce que nous observons dans l'âme se ramène à divers modes de la pensée, *Theo. nat.*, *II*, not. § 677, p.678.
- Il a défini par la conscience tout ce que nous percevons en nous, *Psycho. emp.*, not. §23, p.17 (Cit. : *Principia*, I,9). - *Conscientia* chez lui = *aperceptio* chez Leibniz, *Psycho. emp.*, not. §25, p.17.
- Bien qu'il admettait que l'essence de l'âme est constituée par la pensée, il n'a pas assez précisé en quoi consiste sa force, *Psycho. rat.*, not. §53, p.35.
- Malgré sa définition positive de l'âme : la substance pensante, il n'a pas reconnu la dépendance de ses actes les uns par rapport aux autres, ni le concours des facultés aux actions libres, parce qu'il tenait la pensée pour son essence, *Eth.*, *I*, not. §26, p.35.
- Pour prouver son indestructibilité, il s'est servi du principe que le simple ne peut périr que par annihilation, *Ont.*, not. §698, p.527.
- Il a situé son siège dans le corps, *Theo. nat.*, *I*, not. §1029, p.1007, not. §1034, p.1010, not. §1041, p. 1015.

Athéisme

- Accusé d'être athée par Voetius, *Disc. prael.*, not. § 153, p.81. - Ses lettres au P. Dinet à ce sujet, *Horae*, *II*, p.381, 382, 391, 397, 398. - Sa défense par Mersenne, *Ibid.*, p.404-405. - Absurdité de cette accusation, du

fait de son système des causes occasionnelles, *Psycho. rat.*, not. §596, p.518.
- D'après Lange, sa définition de l'âme par la seule penséé fournit aux imprudents l'occasion de verser dans l'athéisme, *Luc. com.*, §23 (marqué : §22), p.78.

Connaissance

- Il a suivi Valerianus Magnus à propos de la division entre les notions claires (distinctes ou confuses) et les notions obscures, *Psycho. emp.*, not. §76, p.42.
- Les perceptions claires et distinctes, *Ont.*, not. § 103, p.85 (Cit. : *Principia*, I,14), *Ratio*, sect. 2, c. 3, §19, p.126, *Theo. nat.*, *II*, not. §693, p.700. - Il n'a pas expliqué ce que c'est, *Theo. nat.*, *II*, not. § 687, p.693-694, not. §688, p.695, *Log.*, not. §77, p. 155, *Melet.*, sect. 3, n.8, p.142. - Il n'a eu qu'une notion confuse de la notion claire et distincte, *Log.*, not. §88, p.159.
- Avant lui les érudits, hormis les mathématiciens, ont fait peu de cas des notions claires et distinctes, *Log.*, not. §159, p.193.
- Si quelque chose est perçu clairement et distinctement, sa notion est réelle, *Theo. nat.*, *II*, not. §679, p.682, not. §680, p.683.
- Il a été le premier à prescrire qu'il faut n'admettre comme vrai que ce qui est perçu clairement et distinctement, *Ont.*, §761, p.568, *Theo. nat.*, *II*, not. §677, p. 678, not. §687, p.693, *Melet.*, sect. 2, n.3, p.246.
- En affirmant que le critère de la vérité est à chercher dans la perception claire et distincte, *Log.*, not. §545, p.411, - il a voulu dire qu'est possible une notion complexe correspondant au jugement vrai, mais il n'a pas précisé comment cette possibilité est connue, *Log.*, not. §528, p.400. - Ce critère est ambigu, *Theo. nat.*, *II*, not. §687, p.693, not. §693, p.700.
- Sa distinction entre le rêve et la vérité, *Ont.*, not. §493, p.382.
- Il n'a pas mis en doute l'existence des phénomènes,

mais a seulement nié que les choses soient telles qu'elles nous apparaissent, *Ont.*, §27, p.16.
- Il a été le premier à enseigner que les qualités sensibles ne sont que des phénomènes, *Eth., I,* not. §374, p.601. - Rien de semblable à elles n'existe dans les objets, *Eth., I,* not. §125, p.200, *Horae, III,* p.415. - Les notions distinctes de ces qualités sont totalement différentes de celles confuses dues aux sens, *Horae, III,* p.414.
- Les couleurs ne sont pas dans les choses telles qu'elles nous apparaissent, *Horae, III,* p.415, *Theo. nat., I,* not. §204, p.179, *Theo. nat., II,* not. §5, p.3, not. §65, p.39. - Il a bien vu que la perception des couleurs est confuse, *Cosmo.*, not. §224, p.173. - Il a rendu leur notion distincte, *Horae, II,* p.712.
- Il n'a pas reconnu la similitude des idées sensibles avec les choses et a fait dépendre du seul arbitraire de Dieu la correspondance des perceptions confuses avec les changements produits dans les organes sensoriels par les objets sensibles; ce qui l'a conduit à tenir les idées des qualités sensibles pour primitives et simples, *Horae, III,* p.129.
- Il pensait que Dieu pourrait modifier l'âme de telle sorte que si le monde n'existait pas, elle se le représenterait de la même façon, *Psycho. rat.*, not. §614, p. 545.
- Il a déduit l'existence réelle des corps de la véracité divine, *Theo. nat., II,* not. §645, p.641.

Corps

- Corps et matière sont synonymes, *Horae, III,* p.124.
- Sa définition du corps par l'étendue, *Ont.*, §601, p. 462, §611, p.470, not. §675, p.512, *Cosmo.*, not. §122, p.109, *Psycho. rat.*, not. §92, p.67, *Theo. nat., II,* not. §677, p.678, not. §696, p.704, *Horae, III,* p.394. - Elle est incomplète, *Ratio,* sect. 2, c.2, §30, p.131, *Log.*, not. §92, p.160. - Tout ce qui peut être attribué aux corps suppose l'étendue et en est un mode, *Theo.*

nat., *II*, not. §677, p.678. - Il a dérivé leur substantialité de celle-ci, donc de la matière, *Cosmo.*, not. § 178, p.144. - Il n'a pas prouvé que l'étendue est une réalité qui explique leur essence, *Theo. nat.*, *II*, not. §689, p.695.
- Il se la représentait comme une substance parce qu'il pensait que sa notion n'est pas résoluble en d'autres, *Theo. nat.*, *II*, not. §674, p.676, *Horae*, *II*, p.686-687. - Il n'en a eu d'autre idée que celle perçue par les sens; - il n'en a pas donné de définition, *Theo. nat.*, *II*, §688 et not., p.694-695, - et n'a pas cru que nous n'en avons qu'une perception confuse, *Cosmo.*, not. §224, p.173, not. §295, p.224, *Horae*, *II*, p.686-687, *Eth.*, *I*, not. §126, p. 202-203.
- C'est cette confusion qui est à l'origine des difficultés qu'il a connues à propos de la notion de corps et de la communication du mouvement. S'y rattachent aussi le système des causes occasionnelles, l'identité de l'espace et des corps, et les doctrines de la matière uniforme, des atomes matériels et de l'étendue considérée comme une réalité appartenant aux corps, *Horae*, *III*, p.395.
- Il a prêté moins d'attention à l'idée d'étendue qu'à celle de couleur, *Theo. nat.*, *II*, not. §689, p.696.
- Il a supprimé des corps toute nature pour ne leur laisser que la matière et a dérivé leur mouvement immédiatement de l'arbitraire de Dieu, *Cosmo.*, not. §529, p. 411.
- Il a rejeté leur force motrice, parce que nous ne percevons pas clairement et distintement comment elle suit de l'étendue, *Theo. nat.*, *II*, not. §677, p.678. - Il a exclu la force d'inertie de leur notion, parce qu'elle ne découle pas de l'étendue, *Horae*, *II*, p.689-690.
- Il a combattu les forces attractives, *Ont.*, not. §63, p.43, not. §321, p.253, *Cosmo.*, not. §320, p.239, *Eth.*, *III*, not. §86, p.167.

Dieu

Idée : C'est celle de l'être absolument parfait, *Disc.*

prael., not. §142, p.72, *Log.*, not. §534, p.404, *Theo. nat., I,* not. §1094, p.1057, ou de la substance absolument parfaite, *Theo. nat., II,* not. §7, p.6 (Cit. : *Rationes*, def.8), not. §27, p.28, enveloppant l'existence necessaire et éternelle, et qui est la seule cause, *Ibid.*, not. §677, p.678. - Cette idée est claire et distince, parce que nous n'y découvrons que ce qui appartient à la nature de cet être, *Ibid.*, p.678 (Cit. : *Principia*, I,54). - En raisonnant sur cette idée, il n'a pas tenu compte de l'origine des notions par détermination arbitraire, *Log.*, not. §716, p.515.
Existence : - Sa préférence pour l'argument de saint Anselme, *Theo. nat., II,* not. §13, p.11.
- Il a tenté de démontrer l'existence de Dieu *a priori*, *Theo. nat., I,* praefatio, p.24[x], not. §1094, p.1057, - à partir de la notion de l'être absolument parfait, *sed foetum in partu destituit*, *Theo. nat., II,* dedicatio, p.9[x]. - Il n'a pas établi que la perfection absolue est possible, *Ratio*, sect. 2, c.3, §44, p.158, *Eth., III,* not. §13, p.16, *Luc. com.*, §5, p.11, 12, 13. - Sa démonstration est incomplète, *Melet.*, sect. 2, n.8, p. 378. - Sur le conseil de Mersenne, il a essayé de présenter cette preuve *more geometrico*, *Eth., I,* not. § 103, p.152, *Log.*, not. §1149, p.807, *Ont.*, not. §71, p.50, - sur le modèle des démonstrations d'Euclide, mais elle n'est pas comparable à celles-ci, du fait qu'elle n'est pas conforme aux règles de la méthode démonstrative, *Eth., I,* not. §103, p.152, not. §106, p.162, not. §118, p.187.
Nature et opérations : Dieu est indifférent aux idées des choses qui n'existent pas dans son entendement avant qu'il ait décidé de produire celles-ci, *Theo. nat., I,* not. §191, p.166-167, *Theo. nat., II,* not. §606, p. 595 (Cit. : *Sextae Responsiones*, §6). - D'où la doctrine des essences arbitraires, *Theo. nat., I,* praefatio, p. 23[x], not. §546, p.493, *Theo. nat., II,* not. §92, p.63, not. §281, p.253, *Ratio*, sect. 2, c.2, §6, p.143, - qui tient au fait qu'il n'a pas approfondi la question de l'origine des idées dans l'entendement divin, *Theo. nat.*,

II, not. §282, p.254.
- Dieu n'est pas dans les prédicaments, *Ont.*, not. §772, p.581.

Espace et lieu

- Il a identifié l'espace aux corps, *Ont.*, not. §623, p. 480, - donc à la matière, *Psycho. rat.*, not. §104, p.79.- Il a eu de celui-ci une notion imaginaire, *Ont.*, not. § 601, p.462, not. §609, p.467.
- Rejet du vide, *Ont.*, not. §623, p.480, not. §624, p. 481.
- Sa notion du lieu, *Ont.*, not. §602, p.463, not. §608, p.466-467.

Mathématiques

- A propos de son algèbre, *Melet.*, sect. 2, n.3, p.249.
- Il a ignoré la méthode de Slusius pour construire les équations, *Log.*, not. §785, p.563-564.
- Distinction des courbes par les équations algébriques, *Ont.*, §246, p.201, not. §247, p.205, not. §251, p.207, not. §265, p.218.
- Grâce à l'invention de l'arithmétique littérale, il a pu réduire les définitions des courbes algébriques à des équations algébriques, *Log.*, not. §785, p.563.
- Sa définition de la parabole d'Apollonius, *Log.*, not. §714, p.513.
- Il a exprimé la relation constante des points d'une courbe à son axe par une équation algébrique, *Log.*, not. §173, p.202.
- Les deux lettres de Huddenius sur la réduction des équations, et sur les *maxima* et les *minima* dans les commentaires de sa géométrie rassemblés par Schooten, *Psycho. emp.*, not. §217, p.151.

Matière

- Il était partisan de sa divisibilité à l'infini, *Horae*, *II*, p.714.
- Il n'a admis d'autre matière que similaire, *Cosmo.*,

not. §251, p.193. - Il a imaginé une matière homogène et indivise, *Theo. nat., I,* not. §754, p.729, - à partir de laquelle le monde a été fait, *Ibid.*, not. §759, p.748. - Dieu a créé une masse brute et non ordonée et l'a divisée de diverses façons en lui donnant le mouvement pour en faire les corps, *Theo. nat., I,* not. §765, p.754, *Theo. nat., II,* not. §401, p.359.
- Parmi les *corpora totalia*, il distinguait entre les contenants et les contenus, et parmi les seconds ceux qui sont lumineux et ceux qui sont opaques; d'où suit que pour lui une triple forme de la matière suffit pour expliquer les phénomènes: la matière subtile ou éther pour les corps contenants, la matière très subtile ou le feu élémentaire pour les corps lumineux et la matière terrestre pour les corps opaques, *Log.*, not. §608, p. 449, *Horae, I,* p.179.
- Il a considéré le repos des corpuscules les uns par rapport aux autres comme la cause de la cohésion, *Cosmo.*, not. §292, p.221.

Méthode

- C'est avec lui qu'on a commencé à philosopher clairement et distinctement, *Ont.*, praefatio, p.11[x], *Melet.*, sect. 3, n.8, p.142, *Horae, III,* p.56.
- Il a prescrit : d'éliminer de la philosophie les notions confuses et obscures, *Ont.*, §7, p.4, - les termes vains, *Horae, I,* p.245[x], - les qualités occultes, *Ont.*, not. §63, p.43, not. §71, p.50, 51, not. §321, p.253, - et de n'admettre que ce qui est explicable *intelligili modo, Psycho. rat.*, not. §578, p.499, not. §606, p.533.- Il a péché contre ce principe dans son explication des rapports de l'âme et du corps, *Ibid.*, not. §606, p.533.
- Il a aussi prescrit de ne rien admettre qui ne soit suffisamment expliqué et prouvé par un enchaînement de raisonnements, *Horae, III,* p.3.
- Les règles du *Discours* peuvent être tirées de l'algorithme vulgaire, *Eth., I,* not. §334, p.525.
- Il a recommandé la pratique du doute pour éviter les préjugés, *Log.*, not. §945, p.673-674 (Cit. : *Principia,*

I,1), not. §1010, p.729, not. §1012, p.730, not. §1180, p.826, *Eth., I,* not. §120, p.192, *Eth., III,* not. §86, p.168. - Le doute universel, *Horae, III,* p.3-4, 279.
- Inutilité des syllogismes pour découvrir les vérités, *Ont.,* not. §74, p.53, *Horae, III,* p.280. - Ils servent seulement pour les exposer, *Psycho. emp.,* not. §400, p. 307 (Cit. : *Discours,* II), not. §403, p.312. - Pas de syllogismes dans les démonstrations, *Eth., I,* not. 103, p.152, *Eth., II,* not. §475, p.578.
- Il a donné des démonstrations incomplètes, afin de laisser au lecteur le plaisir de prendre part à la découverte de la vérité, *Log.,* not. §857, p.617, *Psycho. emp.,* not. §444, p.350, *Eth., I,* §280, p.431.

Mouvement

- Définition, *Ont.,* §672, p.509 (Cit. : *Principia,* II, 24,25). - Il n'a pris en considération que le mouvement local, *Ont.,* not. §682, p.514.
- L'affirmation que se conserve toujours la même quantité de mouvement, *Cosmo.,* not. §475, p.367-368, not. §480, p.372, not. §481, p.373, *Psycho. rat.,* not. §578, p.498-499, *Melet.,* sect. 1, n.35, p.150. - Elle est erronée, *Cosmo.,* not. §402, p.296, not. §463, p.354, *Psycho. rat.,* not. §597, p.519. - Mais cette conservation est parfois réalisée, *Cosmo.,* not. §403, p.297, not. § 465, p.355.
- Persuadé que l'essence des corps consiste dans l'étendue, il a dérivé immédiatement de Dieu le mouvement, *Horae, II,* p.700, - comme de sa cause, *Theo. nat., II,* not. §677, p.678. - Il n'a pas résolu les difficultés de sa communication par la transcréation de la force motrice d'un sujet dans un autre, *Psycho. rat.,* not. §591, p.515, *Horae, II,* p.704.

Passions

- Il a formé la notion des passions par une détermination arbitraire de celle de la joie, *Log.,* not. §719, p. 517, - et il s'est servi pour ce faire de définitions

réelles, *Psycho. emp.*, not. §623, p.470.
- Sa définition du plaisir, *Psycho. emp.*, not. §511, p. 389, *Horae, I*, p.170[x] (Cit. : *Lettre à Elisabeth*,1 Septembre 1645), p.170[x]-171[x]. - Il n'y a pris en considération que la perfection de celui qui l'éprouve, *Psycho. emp.*, §519, p.398. - Sur les degrés du plaisir, *Ibid.*, not. §516, p.395. - Importance de la notion cartésienne du plaisir pour la morale, *Ibid.*, not. §536, p.417.
- Ses définitions: de la joie, *Ibid.*, §618, p.466 (Cit.: *Les passions de l'âme*, II,61), - de la tristesse, *Ibid.*, §625, p.471 (Cit. : *Les passions*, II,61), - de l'amour, *Ibid.*, not. §647, p.486 (Cit. : *Les passions*, II,56), not. §649, p.487, §653 et not., p.490-492, not. §654, p.493, not. §658, p.497, §678, p.513, - de la haine, *Ibid.*, not. §677, p.511 (Cit. : *Les passions*, II,56), - de la pitié, *Ibid.*, §696, p.527 (Cit. : *Les passions*, II,62), - de l'envie, *Ibid.*, §715, p.541, - de la moquerie, *Ibid.*, §742, p.559-560, - de la satisfaction de soi-même, *Ibid.*, §753, p.567 (Cit. : *Les passions*, II, 63), §754, p.569, not. §764, p.578, *Eth.*, *II*, not. §358, p.441, - du repentir, *Psycho. emp.*, §760, p.574 (Cit. : *Les passions*, II,63), - de la gloire, *Ibid.*, §770, p.584 (Cit. : *Les passions*, II,66), - de la honte, *Ibid.*, § 780, p.594 (Cit. : *Les passions*, II,66), - de la reconnaissance, *Ibid.*, §790, p.602 (Cit. : *Les passions*, II, 64), - de la faveur, *Ibid.*, §794, p.605 (Cit. : *Les passions*, II,64), - de l'espérance, *Ibid.*, §803, p.612 (Cit. : *Les passions*, II,58), - du désir, *Ibid.*, §811, p.619 (Cit. : *Les passions*, II,57), - de l'irrésolution, *Ibid.*, §836, p.636 (Cit. : *Les passions*, II,59), - de la lâcheté, *Ibid.*, §846, p.641 (Cit. : *Les passions*, II, 59), - de la hardiesse, *Ibid.*, §851, p.645 (Cit. : *Les passions*, II,59), - du regret, *Ibid.*, §854, p.647 (Cit. : *Les passions*, II,67), - de l'allégresse, *Ibid.*, §857 et not., p.649 (Cit. : *Les passions*, II,67), - du dégoût, *Ibid.*, §861, p.651 (Cit. : *Les passions*, II,67), - de l'indignation, *Ibid.*, §862, p.652, §870, p.657-658 (Cit. : *Les passions*, II,65), dont il n'a pas distingué la colère, *Ibid.*, not. §873, not. §874, p.659, not. §875, p.660.

- Il a classé l'admiration parmi les passions, *Eth.*, *II*, not. §515, p.629.
- Il n'a pas mentionné parmi elles la fuite du mal, *Psycho. emp.*, not. §819, p.623, *Eth.*, *II*, not. §391, p.479.
- Il n'a pas distingué entre *metus* et *terror*, *Psycho. emp.*, §826 et not., p.629.

Philosophie première

- Elle a été en butte au mépris après lui, *Ont.*, praefatio, p.11^{x}, 12^{x}, not. §7, p.4.
- Il a rejeté l'ontologie des Scolastiques, *Log.*, not. §835, p.597.
- Désespérant de pouvoir définir les termes de l'ontologie, à cause de leur obscurité chez les Scolastiques, *Eth.*, *III*, not. §89, p.177, - il a prétendu qu'ils n'ont pas besoin de l'être, *Ont.*, praefatio, p.12^{x}, *Theo. nat.*, *II*, not. §110, p.91, *Horae*, *III*, p.390; - ce en quoi il s'est trompé, *Theo. nat.*, *II*, not. §681, p.684.
- Il a considéré à tort comme la norme de toute évidence l'affirmation que si je pense, je ne puis douter que je suis, *Ont.*, not. §55, p.38.
- Est possible tout ce dont une idée est donnée en notre âme, *Theo. nat.*, *II*, not. §327, p.295.
- Définition de l'essence, *Ont.*, not. §169, p.138-139 (Cit. : *Principia*, I,53). - Il a considéré comme synonymes les termes d'essence et de nature, *Theo. nat.*, *II*, not. § 696, p.705.
- Il a ramené tout ce qu'on peut connaître des choses existantes à deux notions : celle d'étendue et de pensée, *Ibid.*, not. §677, p.677.
- Sa définition de la substance est en accord avec celle des Scolastiques; elle est confuse, *Ont.*, §772, p. 579-581 (Cit. : *Principia*, I,51). - La substance ne peut être connue que par la propriété qui exprime sa nature et son essence, et à laquelle se rapportent toutes les autres, c'est-à-dire l'étendue pour la substance corporelle, la pensée pour la substance pensante, *Ont.*, not. §773, p.583, *Theo. nat.*, *II*, not. §677, p.678 (Cit. : *Principia*, I,53).
- Il a éliminé les formes substantielles grâce aux notions distinctes, *Horae*, *II*, p.711.

- Il a expliqué la notion scolastique de relation, *Ont.*, §772, p.580.
- En raison de sa conception de la force, il a dérivé tout pouvoir d'agir de la volonté de Dieu, *Ont.*, §761, p.568.

Raison suffisante

- Il en a eu la notion, comme le prouve le fait qu'il a prescrit d'éliminer les qualités occultes, *Ont.*, not. §71, p.50, not. §321, p.253, - et de n'admettre comme vrai que ce qui est perçu clairement et distinctement, *Ont.*, §761, p.568. - De plus l'axiome 1 des *Rationes*, qu'il étend à Dieu, coïncide avec le principe de raison suffisante, *Ont.*, not. §71, p.50 (Cit. : cet axiome). - Toutefois il n'a eu qu'une connaissance confuse de ce principe et n'a pas reconnu son universalité, *Psycho. rat.* not. §606, p.534, *Theo. nat., II,* not. § 686, p.691.
- Il n'a pas assez distingué la raison de la cause, *Ont.*, not. §71, p.50, not. §321, p.253.

Rapports de l'âme et du corps

- L'âme et le corps sont deux substances distinctes, *Cosmo.*, not. §301, p.227. - Il n'y a pas d'union physique entre elles, *Psycho. rat.*, not. §726, p.651.
- Il a nié l'action de l'âme sur le corps, non pas parce que nous ne l'observons pas, mais en raison de son hypothèse sur l'essence de l'âme, *Psycho. emp.*, not. §956, p.717.
- Ayant rejeté l'influx physique, *Psycho. rat.*, not. §602, p.526, *Melet.*, sect. 1, n.35, p.148, 150, - comme contraire aux lois de la nature, *Luc. com.*, §19, p.61-62, §24 (marqué : §23), p.78, 79, 80, - à cause du principe de la conservation de la même quantité de mouvement dans le conflit des corps, *Psycho. rat.*, not. § 578, p.498, not. §579, p.499, - il a eu recours à la volonté divine pour expliquer leur mouvement et a étendu cette explication aux modifications harmoniques de

l'âme et du corps, *Psycho. rat.*, not. §544, p.466, not. §589, p.513, not. §591, p.515, not. §593, p.516, not. §595, p.517, not. §597, p.519, *Theo. nat.*, *I*, not. §472, p.441, *Luc. com.*, §19, p.62, *Horae*, *I*, p. 178-179, 191, *Melet.*, sect. 1, n.34, p.139. - Leibniz lui a reproché de ne pas avoir démontré ce dernier point, *Psycho. rat.*, not. §622, p.556. - A cause de ce recours, il n'a pas cherché à montrer comment les facultés de l'âme concourent à ces modifications, *Eth.*, *I*, not. §26, p.35.
- On ne peut admettre qu'il a attribué à l'âme la force de changer la direction des esprits animaux, *Psycho. rat.*, not. §597, p.519-520 (Cit. : *Lettre à Morus*, août 1649).
- C'est sous son autorité qu'a été introduit le système des causes occasionnelles, *Psycho. rat.*, §553, p.474, not. §589, p.513, not. §595, p.517, not. §597, p.519-520, not. §602, p.526, - ainsi appelé parce que les corps sont seulement les causes occasionnelles de la communication et de la conservation du mouvement, *Psycho. rat.*, not. §592, p.515-516.
- Voir : Systema causarum occasionalium.
- Selon Leibniz, s'il avait connu la loi découverte par Huygens sur la conservation de la même direction du mouvement, il en serait venu au système de l'harmonie préétablie, *Ibid.*, not. §607, p.535.

Varia

- Ses mérites en mathématiques et en philosophie, *Horae*, *II*, p.425.
- Il a méprisé la métaphysique parce qu'elle manque de la lumière et de la solidité des mathématiques, *Eth.*, *I*, not. §321, p.496.
- Il était partisan de rédiger l'*ars inveniendi* en système, *Melet.* sect. 3, n.7, p.130.
- Son exemple montre combien il est difficile de distinguer le vrai du faux si l'on ne rédige pas toutes les disciplines selon la méthode démonstrative, *Theo. nat.*,

II, not. §280, p.250.
- Il a rejeté les qualités occultes des Scolastiques, *Ont.*, not. §321, p.253.
- Il a éliminé de la philosophie naturelle les faits prodigieux, *Eth.*, *I*, not. §785, p.603, - et les causes finales, *Theo. nat.*, *I*, not. §660, p.611, not. §691, p.658. - Mais il a rendu miraculeux tous les effets de la nature, *Ibid.*, *I*, not. §773, p.760.
- A propos de la naissance de l'arc-en-ciel, *Psycho. rat.*, not. §585, p.509.
- A propos de sa cosmogonie, *Theo. nat.*, *II*, not. §477, p.449.
- Sa cosmoogénie est fondée sur la similitude de la puissance de l'âme et de celle de la nature, *Eth.*, *III*, not. §32, p.63.
- Il a douté quelque peu que les animaux soient de pures machines, *Psycho. rat.*, not. §753, p.670.
- Clauberg a été son meilleur interprète, *Ont.*, not. §7, p.4, §761, p.568, *Horae*, *III*, p.394.
- Les principes de sa philosophie exposés *more geometrico* par Spinoza, *Theo. nat.*, *II*, not. §673, p.675.
- La façon érudite d'écrire avant lui, *Eth.*, *I*, not. § 364, p.581.

CASSINI Joannes Dominicus (1625-1712)
- Astronomus Academiae regiae Scientiarum Parisinae, *Disc. prael.*, not. §168, p.99.
- Autorité de ses observations astronomiques, *Log.*, not. §988, p.710.
- Celles relatives aux taches variables sur les satellites de Jupiter, *Log.*, not. §1063, p.759, - et aux changements annuels des étoiles fixes, *Cosmo.*, §82, p.76.
- Il s'est servi de celles sur la parallaxe des fixes pour démontrer le mouvement de la terre, *Disc. prael.*, not. §168, p.99.
- Ce qu'il a rapporté au sujet de l'astronomie des Chinois, *Eth.*, *III*, not. §58, p.118.

CASTALIO (CASTELLIO, CHATILLON) Sebastianus (1515-1563)

linguiste français
- probatae Latinitatis studiosissimus, *Theo. nat., I,* §600, p.559.
- Wolff fait appel à sa traduction latine de la Bible in: *Theo. nat., I,* §77, p.59, §78, p.61, §95 et not., p.71, 72, 73, §97, p.76, §112, p.90, §130, p.104, § 208, p.181, 183, not. §213, p.193, not. §217, p.197, §219, p.199, §295, p.292, §410, p.381, §411, p.382, §413, p.386, §414, p.387, §416, p.391, §599, p.557, §600, p.559, §686, p.644, §687, p.647, §753, p.726, §787, p.770.

CATO Marcus Porcius (232-147)
- Citation de sa règle: "Ex alieno casu disce, quae vites", *Eth., I,* not. §477, p.737.

CELSUS P. Juventius (67?-130?) juriste romain
- Nécessité de parvenir à des notions distinctes dans l'interprétation des lois, *Horae, I,* p.146-147, *Melet.*, sect. 3, n.14, p.191 (Cit. : L.17, ff. de L.L.).

CHAMBERIUS Ephraimus (?-1740)
- Sa présentation du système de l'harmonie préétablie, *Horae, I,* p.225.

CICERO (106-43)
- optime gnarus significatus vocabulorum latinorum, *Psycho. emp.*, §826, p.628.
- Il a appelé la philosophie: "magistram vitae", "ducem vitae", *Horae, I,* p.2, - et a affirmé qu'elle est la meilleure chose que Dieu a donnée aux hommes, *Horae, II,* dedicatio, p.7 (non paginée), *Horae, III,* p.6.
- Il a donné au sorite le nom d'*acervalis argumentatio*, *Log.*, not. §474, p.366.
- Ses définitions : de la confusion, *Ont.*, not. §485, p.370, - de la réflexion, *Psycho. emp.*, not. §262, p. 191, - de l'*ingenium*, *Ibid.*, not. §479, p.369, not. § 480, p.370, not. §481, p.371, - de la curiosité , *Eth., I,* not. §34, p.45, - de la science et des arts en géné-

ral, *Ibid.*, not. §482, p.741, - des arts libéraux, *Ibid.*, §483, p.742, - de l'apophtegme, *Ibid.*, not. § 134, p.218, - du mot *doctrina*, *Ibid.*, not. §12, p.15, - de la jalousie, *Psycho. emp.*, §715 et not., p.541, *Eth.*, *II*, not. §512, p.626, - de l'espoir et de la crainte, *Psycho. emp.*, §803, p.613, - de la circonspection, *Eth.*, *I*, not. §466, p.725-726, - de la volonté, *Psycho. emp.*, §886, p.667.
- Il a fait de la terreur une espèce de la crainte, *Psycho. emp.*, §830 et not., p.631-632. - Il a distingué la peur de la crainte et de l'appréhension, *Eth.*, *II*, not. §490, p.599.
- A propos de l'art mnémotechnique, dont il a attribué l'invention à Simonides, *Psycho. emp.*, not. §204, not. §205, p.142.
- Sa distinction entre les hommes ingénieux et les hommes curieux, *Eth.*, *I*, not. §34, p.45.
- Il a attribué aux chiens l'ardeur à la chasse, *Eth.*, *II*, not. §412, p.503.
- Le droit est constitué par la nature, *Theo. nat.*, *II*, not. §658, p.654-655.
- Sa formule: "usum loquendi populo concessi, scientiam mihi conservavi", *Eth.*, *I*, not. §113, p.178.
- Sur la divination du futur à partir des phénomènes naturels, *Melet.*, sect. 3, n.6, p.129.
- Ce qu'il a rapporté de l'astronomie des Egyptiens, *Eth.*, *III*, not. §58, p.118.
- La façon dont il a qualifié Carnéade, *Eth.*, *I*, not. §114, p.179-180.

CLARAMONTIUS Scipio (1565-1652) philosophe italien
- Sur la nécessité de l'*ars conjectandi hominum mores*, *Horae*, *I*, p.454^{x}-455^{x}.

CLARKIUS Joannes (saec. XVII)
- Theologus multa rerum scientia ac varia eruditione praestans, *Luc. com.*, §9, p.27.
- Frère de Samuel Clarke, *Ibid.*, §17, p.56.
- Sa défense de la contingence de l'univers, *Ibid.*, §

9, p.27.

CLARKIUS Samuel (1675-1729)
- Anglus celebris, *Ratio,* sect. 2, c.3, §63, p.165, - Theologus et Philosophus Anglus insignis, *Luc. com.*, §17, p.56, *Ont.*, §611, p.471.
- Sa controverse avec Leibniz au sujet du principe de raison suffisante, *Ratio,* sect. 2, c.3, §63, p.164-165, *Ont.*, not. §75, p.55, - sur le sens du mot *sensorium*, *Ont.*, not. §485, p.371, - à propos du temps, *Ont.*, not. §572, p.443, - de l'espace, *Ont.*, not. § 589, p.455, §611 et not., p.471, - du lieu, *Ibid.*, not. §614, p.473, - des indiscernables, *Cosmo.*, not. §246, p.191, - de l'harmonie préétablie, *Psycho. rat.*, not. §612, p.542, not. §629, p.567-568.
- Différence entre l'éternité de Dieu et celle du monde, *Luc. com.*, §17, p.56.
- L'espace est un attribut de Dieu, *Horae, III,* p.402.

CLAUBERGIUS Joannes (1622-1665)
- optimus omnium confessione *Cartesii* interpres, *Ont.*, not. §7, p.4, not. §761, p.568, *Horae, III,* p.394, - interpres ejus ingenuus, *Ont.*, §169, p.139, - Philosophiae *Cartesianae* strenuus propugnator, *Ont.*, §865, p. 643.
- Il n'a pas assez distingué entre l'essence et la nature, *Ont.*, not. §169, p.139 (Cit. : *Metaphysica de ente* ..., §56).
- Il a tenté d'améliorer l'ontologie des Scolastiques, *Ont.*, not. §7, p.4.
- Ses définitions : du possible, *Ont.*, not. §103, p.86 (Cit. : *Metaphysica de ente,* §88), - du corps, *Ont.*, not. §550, p.429-430 (Cit. : *Physica contracta,* §34), *Ibid.*, §567, p.437, - de l'étendue, *Horae, III,* p.394, - du principe, *Ont.*, §879, p.651 (Cit. : *Metaphysica de ente,* §221), - de la cause, *Ont.*, §951, p.686 (Cit. : *Metaphysica de ente,* §225).
- Il a reconnu que la notion scolastique de substance a été expliquée par Descartes, *Ont.*, §772, p.580.

- Il a lui-même expliqué la notion scolastique de relation, *Ont.*, §865 et not., p.643, 644, 645.
- Il a affirmé que l'essence des corps consiste dans l'étendue, mais il n'a pas expliqué ce qu'est celle-ci, *Horae, III*, p.394.
- Il a cherché le fondement de la puissance des créatures dans la volonté de Dieu, *Ont.*, §761, p.568-569.
- Il a tenu force, faculté et puissance pour synonymes, *Ont.*, §761, p.568.
- A propos d'un homme sans langue qui prononçait cependant toutes les lettres de l'alphabet, *Melet.*, sect. 2, n.3, p.260.

CLAVIUS Christophorus (1537-1611)
- On peut mesurer son degré d'attention à partir de son *Astrolabium,* dont Tacquet ne pouvait croire que quelqu'un l'ait jamais lu entièrement, *Psycho. emp.*, §244, p. 173-174, §248, p.177.
- Ses démonstrations des *Eléments* d'Euclide sont complètes, *Log.*, not. §857, p.616.
- Il a déclaré admirable le mode d'argumenter selon lequel d'une proposition fausse on déduit sa contradictoire vraie, *Ont.*, not. §98, p.77.
- Il n'a pas admis de différence intrinsèque entre les axiomes et les postulats, *Log.*, not. §269, p.259, - et a proclamé l'évidence des premiers, *Ont.*, not. §125, p. 105 (Cit. : *Euclidis Elementorum Lib. XV,* Prolegomena).
- Sa controverse avec Peletarius au sujet de l'angle de contact, *Horae, I*, p.280, - et sa critique des objections de celui-ci contre les démonstrations d'Euclide fondées sur le principe de congruence, *Ont.*, not. §471, p.360.

CLEANTHES (351-251)
- D'après Plutarque, il a estimé que les Grecs ont dû penser que les conceptions astronomiques d'Aristarque de Samos détruisaient la religion, *Horae, II*, p.378.

CLEON (circa 400 a.C.) orateur athénien
- Il a accusé Anaxagore d'impiété, *Disc. prael.*, not. §

169, p.101.

CLERICUS (LE CLERC) Joannes (1657-1736)
- Vir in Rep. literaria celeberrimus, *Horae, I,* p.221.
- Il a contribué à la propagation du matérialisme sceptique, *Theo. nat., II,* not. §616, p.604.
- A propos de l'*argumentum ab invidia ductum* que lui a prêté Amort, *Log.,* §1050, p.751, *Horae, I,* p.221.
- Son édition de Hammondus, *Epistolae sanctorum Apostolorum et Apocalypsis, Luc. com.,* §3, p.5.

COLERUS Joannes (saec. XVIII) pasteur luthérien allemand
- Sur l'exemplarité de la vie de Spinoza, *Theo. nat., II,* not. §501, p.487.

COLLIERUS Arthurus (1680-1730) philosophe et théologien anglais
- Représentant de l'idéalisme, *Luc. com.,* §23 (marqué : §22), p.75.

COMENIUS Joannes Amos (1592-1671)
- Sa représentation hiéroglyphique : de l'âme, *Psycho. emp.,* not. §152, p.105-106, not. §153, p.108, not. §155, p.109, *Psycho. rat.,* not. §348, p.279, - et de Dieu, *Theo. nat., I,* not. §91, p.67.

CONFUCIUS (551-479)
- magnus ille Sinarum philosophus, *Horae, I,* p.117,
- apud Sinas ... virtutis bonique, regiminis tam indefesso propagatori, Philosophorum apud ipsos Princeps, *Horae, II,* p.378.
- Esprit systématique, *Horae, I,* p.117-118.
- Il a étendu le principe de raison suffisante aux vérités morales, *Ont.,* §71, p.49.
- Sublimité et cohérence de sa doctrine morale, *Ont.,* not. §169, p.139, not. §760, p.567.
- Bien qu'il ait ignoré Dieu, il a consacré toute sa vie à la pratique de la vertu, *Theo. nat., II,* not. §508, p. 494-495, not. §540, p.519-520, *Eth., I,* not. §54, p.76, - malgré les embûches qui lui ont été tendues, *Horae, II,*

p.399, 424-425.
- Ses efforts pour obtenir le consensus de l'appétit sensible et de l'appétit rationnel, *Psycho. emp.*, § 909, p.685.
- Il ne proposait comme vrai en morale que ce qu'il avait expérimenté lui-même, *Horae, I,* p.143, - et enseignait qu'on ne peut acquérir les vraies notions des choses morales, sans les avoir pratiquées, *Log.*, not. §930, p.661, not. §985, p.708.
- Il n'accordait d'attention qu'à la rectitude des actions, *Psycho. emp.*, not. §254, p.185, not. §255, p. 186, *Eth., I,* not. §40, p.53.
- Il a montré la force des exemples dans l'étude de la vertu et de la bonne administration de l'état, *Eth., III,* not. §78, p.149.
- Son précepte: "Qui totus utilitati vacat, hic multa odia sibi arcessit", *Horae, II,* praefatio, p.15-16 (non paginées).
- Il voulait que ses disciples lui ressemblent, *Psycho. rat.*, not. §434, p.353.
- Le culte que lui rendent les Chinois est purement civil, *Theo. nat., II,* not. §517, p.500.

Conimbricenses
- Leur définition de la forme substantielle, *Horae, II,* p.707.

CONNOR Bernardus (saec. XVII) médecin anglais
- A propos d'un homme élevé parmi les ours, *Log.*, §5, p.108, *Psycho. rat.*, §461, p.378, *Melet.*, sect. 1, n.4, p.11.

CONRINGIUS Hermannus (1606-1681) érudit allemand
- virum etiam post fata summum, *Horae, I,* p.454[x], - vir... judicii acris, *Ibid.*, p.456[x].
- Utilité de l'*ars conjectandi hominum mores, Ibid.*, p. 454[x], 456[x].
- Sa réédition du traité de Scipio Claramontius sur le sujet, *Ibid.*, p.456[x].

COPERNICUS Nicolaus (1473-1543)
- excellentis acuminis Astronomus, *Horae, I,* p.206, - ad majestatem naturae in minimis agnoscendam, ad quam perspiciendam in magnis viam permonstravit, *Cosmo.*, not. §202, p.156.
- Il s'en est tenu au jugement des astronomes expérimentés, *Psycho. emp.*, §773, p.588.
- Sur son système, *Disc. prael.*, not. §160, p.89, *Log.*, not. §993, p.717, not. §1162, not. §1163, p.814, 815, *Cosmo.*, not. §59, p.58, not. §63, p.61, *Psycho. rat.*, not. §640, p.585, *Theo. nat., I,* not. §446, p.415, *Theo. nat., II,* not. §639, p.632-633, not. §678, p. 679, *Luc. com.*, §19, p.61, *Horae, I,* p.294, 298, *Horae, II,* p.164.
- Les objections contre et leur réfutation, *Log.*, not. §1042, p.747-748, not. §1058, p.757, not. §1060, p.758.
- Sa défense par Kepler, *Disc. prael.*, not. §151, p.80, *Psycho. rat.*, not. §640, p.585.
- La Curie romaine a permis de s'en servir comme d'une hypothèse, *Disc. prael.*, not. §164, p.93, not. §168, p. 99; - ce qu'ont fait Fabry et Ricciolus, *Disc. prael.*, not. §168, p.99, *Horae, I,* p.207-208.

CORDEMOY Geraldus de (1620-1684)
- Il a perfectionné le système des causes occasionnelles, *Psycho. rat.*, not. §589, p.513.
- Sa conception : de l'espace, *Ont.*, §611, p.470, - des atomes matériels, *Ont.*, not. §793, p.594.

CORNELIUS a Lapide (1566-1637) jésuite hollandais
- celebris Scripturae interpres, *Cosmo.*, not. §533, p. 416.
- Son commentaire de l'éclipse de soleil au moment de la mort du Christ, *Ibid.*, p.416-417.

COUPLETUS Philippus (1628-1692)
- Soc. Jesu, Sinensis Missionis in urbem Procurator [Belgus], *Psycho. emp.*, not. §152, p.107.
- Sur les figures hiéroglyphiques des Chinois, *Ibid.*, p.

107.

COWARDUS Gulielmus (1656-1725)
- Medicus Anglus, Materialismi acerrimus propugnator, *Ont.*, not. §548, p.429, *Psycho. rat.*, not. §33, p.25.
- L'âme ne peut être conçue sans étendue, *Ont.*, not. §548, p.429.
- Une substance spirituelle est impossible à concevoir et constitue une imposture philosophique contraire à l'Ecriture, *Theo. nat.*, *II*, §622, p.611.

CRAIGIUS Joannes (1655?-1731)
- Scotus, *Log.*, not. §785, p.564.
- Ses formules générales des lieux solides, dont s'est servi Hospitalius pour construire les équations cubiques, *Ibid.*, p.564.

CRAMER Joannes Ulricus (1706-1772)
- Ictus exmimius ... collega nobis conjunctissimus, *Horae*, *III*, p.64, *Psycho. emp.*, not. §399, p.306.
- Il a étendu au droit la méthode démonstrative, *Psycho. emp.*, not. §399, p.306, *Horae*, *III*, p.64.
- L'*Epistola gratulatoria* que lui a adressée Wolff, *Melet.*, sect. 3, n.7, p.130-140.

CRELLIUS Samuel (1660-1727) socinien polonais
- Il a nié la prescience divine des futurs contingents, *Psycho. rat.*, not. §628, p.565, - sous prétexte qu'elle supprimerait la liberté humaine, *Ibid.*, not. §633, p. 573.

CRÜGERUS Petrus (1580-1639) mathématicien allemand
- summi illius Astronomi *Hevelii* Praeceptor, *Psycho. rat.*, §205, p.168.
- A propos des effets de la fièvre sur la mémoire, *Ibid.*, p.168.

DANZIUS Joannes Andreas (1564-1727)
- celebris haud ita pridem Philologus, idemque Theologus [Lutheranus] in Academia Ienensi, *Eth.*, *I*, not. §139, p. 229.
- Il a appelé homilétiques les arguments qui ne conduisent même pas à une conclusion probable, *Ibid.*, p.219.

DASYPODIUS (RAUCHFUSZ) Conradus (1530?-1600) professeur de mathématiques strasbourgeois
- La façon dont, avec Herlinus, il a ramené les démonstrations d'Euclide à des syllogismes formels, *Eth.*, *V*, praefatio, p.16 (non paginée).

DECHALES (MILLIET des CHALES) Claudius Franciscus (1621-1678) jésuite mathématicien français
- Sa définition de la section du cône, *Disc. prael.*, not. §142, p.72.
- A propos de son traité de la taille des pierres, *Cosmo.*, not. §292, p.221.

DELISLE, peut-être Guillaume (1675-1726) géographe français
- Ses observations microscopiques sur les vers, *Eth.*, *III*, §25, p.44.

DEMOCRITUS (460-371)
- Ses atomes matériels, *Horae*, *II*, p.716.
- Sa conception: de l'espace, *Ont.*, §611, p.468, not. §624, p.481, - du chaos, *Theo. nat.*, *II*, not. §401, p.359.

DERHAM Wilhelmus (?-1735) philosophe et théologien anglais
- Il a tiré argument du mouvement de la terre pour combattre l'impiété, *Horae*, *II*, p.378.

DESARGUES Geraldus (1593-1662) géomètre français
- Son traité sur la taille des pierres, *Cosmo.*, not. §292, p.221.

DINET Jacobus (saec. XVII) jésuite français
- A propos des lettres que Descartes lui a envoyées après

qu'il eut été accusé d'athéisme par Voetius, *Horae, II,* p.381, 391, 397, 420.

DIOCLES (saec. VI?)
- Sa cissoïde, *Theo. nat., II,* not. §428, p.391.

DIOGENES LAERTIUS (saec. II/III)
- Il a rapporté que Xénocrate n'acceptait pas parmi ses auditeurs ceux qui n'avaient pas été initiés aux mathématiques, *Ont.,* not. §51, p.35.

DIOMEDES (saec. V?) grammairien romain
- Sa définition de l'art, *Eth., I,* not. §482, p.741.

DOMINICUS de Flandria (1425-1479)
- ordinis Praedicatorum, *Ont.,* §684, p.516, - Philosophorum Thomistarum princeps, *Luc. com.,* §7, p.16.
- Ses définitions : du possible, *Ibid.,* §7, p.16 (Cit. : *In duodecim libros Methaphysicae Aristotelis* ..., lib. IX, qu.3, art.1-2, p.650-652), - du nécessaire, *Ibid.,* §8, p. 18 (Cit. : *op. cit.,* lib.V, qu.5, art.1, resp., p.237), - du contingent, *Ibid.,* §8, p.20 (Cit. : *op. cit.,* lib.VI, qu.8, art.2, resp., p.443 A), - du simple, *Ont.,* §684, p. 516, - du sujet, *Ont.,* §712, p.534-535, - du degré, *Ont.,* §760, p.563-564. (Cit. : *op. cit.,* lib.VIII, qu.4, art.8, p.624).
- Il a réfuté par avance la définition spinoziste du possible, *Luc. com.,* §7, p.16.

DONATUS Aelius (circa 354) grammairien romain
- Sa définition de la reconnaissance, *Psycho. emp.,* §790, p.601 (Cit.: d'après Martinius, *Lexicon philologicum ...,* t.I, p.533 A).

DÜRERUS Albertus (1471-1528)
- La courbe de ses arches est une ellipse apollinienne, *Log.,* not. §737, p.535.

ECPHANTUS (circa 500)
- D'après Stobée, il a été le premier à dire que les monades pythagoriciennes sont corporelles, *Ont.*, not. §686, p.518.

Egoistae
- Ils n'admettaient d'existence réelle que d'eux-mêmes en tant qu'ils sont une âme, *Psycho. rat.*, §38 et not., p.26, §43 et not., p.28, 29.

EHRENBERGERUS Bonifacius Henricus (1681-1751) professeur de métaphysique et de mathématiques allemand
- Ses artifices pour découvrir dans les images le mouvement actuel des objets, *Psycho. rat.*, not. §189, p.157.

EISENMERGERUS Joannes Andreas (1654-1704)
- Professor quondam linguarum Orientalium in Academia Heidelbergensi, *Theo. nat., II,* not. §581, p.565.
- Sur l'anthropomorphisme crasse de certains rabbins, *Ibid.*, p.565, not. §591, p.577.

Enthusiasti
- Ils tenaient leurs songes pour surnaturels, *Psycho. rat.*, not. §331, p.267.
- Ils prétendaient que la grâce n'a pas besoin de la nature, *Melet.*, sect. 3, n.14, p.179, - et que l'Esprit-Saint peut éveiller dans l'âme du lecteur de l'Ecriture les notions correspondant aux termes qu'elle contient sans le secours de ceux-ci, *Log.*, not. §970, p.694.

EPICTETUS (saec. I)
- Citation de l'*Enchiridium,* XXII, *Psycho. rat.*, not. §185, p.149.

EPICURUS (342-271)
- Présentation et critique de son système, *Theo. nat., II,* §717-722, p.730-736.
- Sa restauration par Gassendi, *Ont.*, §611, p.469, *Theo. nat., II,* not. §717, p.731.

- D'après Sturm, il a été le premier à appeler atomes les éléments indivisibles en lesquels se résolvent les composés, *Ont.*, not. §686, p.518.
- Ses atomes matériels proviennent de l'union des simples, *Horae, II*, p.716.
- Il a confondu la notion réelle et la notion imaginaire de l'espace, *Ont.*, §611, p.468.
- Il tenait pour identiques le souverain bien et le plaisir, *Eth.*, *I*, not. §8, p.6.
- Lange a prétendu que sa doctrine de Dieu et du monde contient la cause de l'athéisme, *Luc. com.*, §23 (marqué: §22), p.77.

ERASMUS Desiderius (1467-1536)
- Luther a dirigé contre lui son livre du serf-arbitre, *Luc. com.*, §18, p.57.

ESCHINARDUS Franciscus (1706-1734) jésuite italien
- mathematum communium non imperitus, *Log.*, not. §911, p. 647.
- Sur le centre de gravité des courbes paraboliques, *Ibid.*, p.647.

EUCLIDES Alexandrinus (circa 325)
- Acutissimus ille Geometra, *Horae, I*, p.131, - Geometra et Analysta summus, *Horae, III*, p.470, - demonstrator rigidissimus, *Psycho. emp.*, not. §314, p.230, - Intellectum systematicum habuit, *Horae, I*, p.113, - *Euclidi* soliditatis laudem nemo invidet, qui elementa ejus legit, *Eth.*, *I*, not. §284, p.439, - fidissimus dux est ad rectum intellectus usum potestati nostrae subjiciendum, *Eth.*, *I*, not. § 104, p.157, - *Euclidis* studium, quod in omni scientia imitari debemus, *Ont.*, not. §471, p.360.

Arithmétique

- Sa définition du nombre, *Ont.*, not. §331, p.262, not. § 340, p.267.
- Sa démonstration de : *Elementa*, IX, prop. 12, *Log.*, not. §559, p.425 (Cit. : cette proposition).

- Utilisation par Wolff de : *Elementa*, I, axioma 4, *Ont.*, not. §375, p.288, axioma 5, *Ont.*, not. §392, p.301, axioma 7, *Ont.*, not. §381, p.292, not. §382, p.293; *Elementa*, II, axioma 5, *Ont.*, not. §384, p.296, axioma 7, *Ont.*, § 443, p.336; *Elementa*, IX, axioma 7, *Ont.*, not. §397, p. 306.

Elementa

- pretiosissimum antiquitatis monumentum, *Eth.*, *I*, not. §104, p.157, - praeclarum antiquitatis monumentum, *Horae*, *I*, p.131.
- Sur les *Elementa* et leur utilité en général, *Log.*, not. §570, p.433, not. §819, p.587, not. §825, p.591, not. § 826, p.592, not. §830, p.594, not. §911, p.647, not. § 999, p.722, not. §1192, p.835, *Ont.*, §98, p.74, not. § 755, p.560, *Eth.*, *I*, not. §293, p.457, *Horae*, *I*, p.112, 114, 115, 116, 125, 128, 131, 132, 133, 145, 278-279, 285, 290, 313, 314, 290, *Horae*, *III*, p.470, *Melet.*, sect. 1, n.5, p.20.
- Il les a appelés ainsi, parce que les principes qui y sont établis servent à déduire tout ce qui peut être connu en mathématiques, *Cosmo.*, not. §181, p.145-146, *Melet.*, sect. 3, n.11, p.166.
- Ce sont des écrits scientifiques, *Log.*, not. §751, p. 540, not. §790, p.570, - rédigés selon la méthode démonstrative, *Horae*, *II*, p.92-93, 101, - c'est-à-dire selon l' ordre qui consiste à faire précéder ce qui sert à comprendre et à démontrer ce qui suit, *Log.*, not. §828, p. 593, *Ont.*, not. §472, not. §473, p.361.
- Leur solidité, *Eth.*, *I*, not. §284, p.439, - leur vérité immuable, *Ont.*, not. §292, p.236, - leur clarté, *Log.*, not. §820, p.588, - leur évidence, *Eth.*, *III*, not. §89, p.177, *Eth.*, *V*, praefatio, p.9 (non paginée), *Melet.*, sect. 3, n.11, p.165.
- Leur lecture aiguise l'entendement, *Log.*, not. §1181, p.827, *Eth.*, *I*, not. §131, p.212, - aide à acquérir l' *habitus* des règles logiques, *Log.*, not. §1230, p.862, - et montre qu'on peut à partir des définitions nominales aussi bien que des réelles, déduire tout ce qui convient

aux choses, *Ont.,* not. §265, p.218.
- Il y a supposé les notions ontologiques, mais ne les a pas démontrées, *Ont.,* not. §340, p.268.
- Ils contiennent peu de propositions particulières et de propositions négatives, *Log.,* not. §401, p.327.
- Il a placé ceux de géométrie avant ceux d'artihmétique, parce que ces derniers sont plus difficiles, *Eth., I,* not. §62, p.86.
- Ceux où il est traité des nombres, *Eth., I,* not. §326, p.506.
- A propos des: *Elementa,* I, axioma 7, *Ont.,* not. §387, p.297; VII, axioma 3, *Ont.,* not. §389, p.298, axioma 4, *Ont.,* not. §390, p.299.
- Clavius et Wolff en ont donné des démonstrations complètes, *Log.,* not. §857, p.616.
- Mersenne en a réuni les définitions et les propositions sans les démontrer, *Log.,* not. §863, p.621.

Géométrie

- A propos de sa géométrie en général, *Eth. I,* not. §268, p.405. - Les critiques de Ramus contre elle, désapprouvées par Leibniz, *Horae, II,* p.93.
- Il l'a tout entière réduite à des notions communes dont elle tire son évidence, *Eth., I,* not. §221, p.334, not. § 222, p.237, not. §341, p.538, not. §422, p.671.
- Ses définitions du Livre I et du Livre XI, *Ont.,* not. §246, p.198. - Celles : de la ligne droite, *Log.,* not. § 166, p.198, not. §824, p.591, not. §835, p.596, not. §915, p.650, *Psycho. rat.,* not. §110, p.85, - de la *figura ordinata, Log.,* not. §140, p.182, - du triangle en général, *Log.,* not. §138, p.181-182, not. §290, p.269, not. §323, p.286, not. §326, p.287, §327, p.288, - du triangle équilatéral, *Log.,* not. §723, p.519, not. §880, p.630, not. § 953, p.680, - du triangle rectiligne, *Ont.,* not. §103, p. 86.
- Sur la façon de construire le triangle équilatéral, *Log.* not. §723, p.519, not. §732, p.530, - et ses propriétés, *Eth., III,* not. §13, p.17.

EUCLIDES

- Son utilisation du principe de congruence pour démontrer l'égalité des grandeurs approuvée par Ramus, *Ont.*, §471 et not., p.358-360. - La critique de ses démonstrations reposant sur ce principe par Peletarius, leur défense par Clavius, *Ont.*, not. §471, p.360.
- Sa façon de démontrer la similitude des figures, *Eth.*, *I*, not. §333, p.523.
- L'égalité des angles du triangle dépend de celle des côtés, *Log.*, not. §951, p.678.
- La somme des angles du triangle rectiligne, *Disc. prael.*, not. §156, p.84.
- Il a démontré que l'angle externe d'un triangle rectiligne est plus grand que n'importe quel angle interne opposé, avant de prouver que celui-là est égal à ceux-ci et Ramus l'en a répréhendé, *Disc. prael.*, not. §131, p.65, *Theo. nat.*, *I*, not. §66, p.52.
- Il a démontré qu'un triangle équilatéral peut être construit, afin d'établir qu'une figure terminée par trois lignes droites égales est possible, avant de prouver que dans celle-ci les angles sont égaux, *Theo. nat.*, *II*, not. §13, p.10.
- Pourquoi il n'a pas démontré la converse du théorème relatif à la quantité des angles du triangle, *Log.*, not. §1222, p.854.
- Sur sa distinction entre les triangles, *Theo. nat.*, *II*, not. §432, p.397.
- Ce qu'il a démontré au sujet du cercle, *Log.*, not. §238, p.239.
- A propos de : *Elementa*, I, postul. 1, *Log.*, not. §721, p. 518, postul. 3, Log., not. §1157, p.811.
- Sur un axiome que Wolff lui a prêté, *Log.*, not. §1157, p. 811.
- Utilisation par Wolff de : lib. VI, prop. 21, *Ont.*, not. §224, p.186; lib. XI, def.7, 9, 18, 21, 24, *Ont.*, §222, p. 183-184 (Cit. : cette proposition et ces définitions).
- S'il n'avait pas élaboré une géométrie élémentaire, cette science n'aurait pas connu les progrès qu'elle a faits, et Leibniz n'aurait pas découvert le calcul différentiel, *Eth.*, *V*, praefatio, p.9 (non paginée).

EUCLIDES

Méthode

- Sur sa méthode en général, *Eth., I,* not. §43, p.61, not. §100, p.143, not. §101, p.146, not. §103, p.152, not. §189, p.289, not. §295, p.459, not. §410, p.650, *Horae, I,* p.133, *Horae, II,* p.90.
- C'est celle qu'on appelle communément mathématique, *Melet.*, sect. 3, n.14, p.182. - Elle consiste dans la pratique des règles de la vraie logique, *Eth., I,* not. §108, p.169. - Elle est synthétique, *Log.*, not. §885, p.633, *Horae, I,* p.286. - Elle est la seule qui permet d'obtenir une connaissance distincte et certaine, *Eth., I,* not. §42, p.59. - Elle permet à l'entendement de distinguer le vrai du faux, *Eth., V,* praefatio, p.15 (non paginée).
- Il a rédigé en système tous les principes des mathématiques, *Ont.*, dedicatio, p.8^{x}.
- Il a fait précéder les propositions à démontrer des définitions, des axiomes et des postulats, *Log.*, not. § 269, p.259, not. §886, p.634, *Eth., I,* not. §327, p.508, not. §403, p.637, not. §410, p.650, *Horae, III,* p.529.
- A propos de ses définitions, *Log.*, not. §819, p.587, not. §822, p.589, not. §904, p.643, - de ses axiomes, *Log.*, not. §801, p.578, *Ont.*, not. §412, p.316, not. § 733, p.548, *Psycho. emp.*, not. §104, p.63, *Horae, I,* p. 134, 135.
- Sur son axiome: "aequalia eidem tertio sunt aequalia inter se", *Eth., II,* not. §118, p.138.
- Il a admis sans preuve que: "totum majus sua parte", parce que la vérité de cet axiome ressort des exemples, *Ont.*, not. §75, p.55, *Eth., I,* not. §278, p.425.
- Son emploi des notions communes comme principes de la démonstration, *Ont.*, praefatio, p.12^{x}, not. §9, p.6, not. §125, p.105-107, not. §203, p.167, not. §340, p.268, not. §347, p.273, *Psycho. emp.*, not. §104, p.63, not. §464, p. 360, *Eth., I,* not. §108, p.168, not. §422, p.671, *Eth., II,* not. §118, p.138, 139, *Horae, I,* p.332-341, *Horae, II,* p.86, - par exemple celles de tout, de partie, de plus grand, de plus petit, *Psycho. emp.*, not. §162, p.113-114, *Eth., I,* not. §299, p.466.

EUCLIDES

- Au sujet de ses propositions, *Log.*, not. §825, p.591, *Horae, II*, p.126-128, *Eth., I*, not. §409, p.647, not. §427, p.676. - Il les a démontrées de telle sorte que personne ne peut douter de leur vérité, *Log.*, §26, p.122, *Eth., III*, not. §84, p.160, not. §93, p.188.
- A propos de ses démonstrations, *Eth., I*, not. §104, p. 156, not. §135, p.221, not. §140, p.231, §267, p.403, *Eth., II*, not. §475, p.578. - Il les a conçues de façon plus large que les Aristotéliciens, *Eth., III*, not. §13, p.17. - Elles sont évidentes, *Ont.*, praefatio, p.12^{x}, - légitimes, *Psycho. emp.*, not. §18, p.14, - solides, *Eth., I*, not. §284, p.439. - Leur critique par Ramus, *Log.*, not. §498, p.379, not. §1020, p.735, *Ont.*, praefatio, p. 17^{x}-18^{x}, *Horae, I*, p.280, *Horae, II*, p.93. - Leur défense par Barrow, *Ibid.*, p.93.
- Son utilisation des raisons rationnelles, *Ont.*, not. §404, p.312.
- D'après Leibniz, qui a adopté sa méthode, *Ont.*, not. §51, p.34, - il s'est servi dans ses démonstrations de toutes les figures du syllogisme et de chacun de leurs modes, *Melet.*, sect. 1, n.37, p.167, 168, 170, 172.
- Leur essai d'amélioration par Scheubel était superflu, *Ont.*, not. §70, p.49.
- Dasypodius et Herlinus les ont ramenées à des syllogismes formels, *Eth., V*, praefatio, p.16 (non paginée).
- Newton a regretté que les géomètres modernes aient délaissé sa méthode, *Eth., V*, praefatio, p.15 (non paginée).

Varia

- Sa prolixité, *Melet.*, sect. 3, n.14, p.176.
- Sa distinction entre la vision claire et la vision obscure, et sa division de la première en distincte et confuse, *Psycho. emp.*, not. §76, p.42.
- Sa réponse au Roi Ptolémée: "non dari viam regiam ad scientiam", *Theo. nat., II*, not. §495, p.475.
- Personne n'a douté de la vérité des principes de ses démonstrations, *Eth., I*, not. §330, p.514. - Il n'y a eu aucun dissentiment sur ses théorèmes, *Log.*, not. §990, p.711, *Luc. com.*, §1, p.1.

- A propos de l'usage de ses propositions, *Melet.*, sect. 3, n.12, p.169, - qui sont comprises lorsqu'on s'est familiarisé avec ses définitions, *Log.*, not. §1177, p. 824.
- Il a tenu le principe de raison suffisante pour une notion commune, *Eth.*, *III*, not. §18, p.26.
- C'est de la lecture de ses *Eléments* qu'Aristote a tiré sa théorie de la démonstration, *Horae*, *I*, p.116.
- Ramus, approuvé par Arnauld, l'a blâmé de ne pas avoir réparti légitimement les genres et les espèces, *Ont.*, not. §246, p.202-203.
- Fabry a tenté de constituer des éléments de géométrie plus clairs et plus faciles que les siens en recourant aux définitions génétiques, *Ont.*, not. §264, p.217.
- L'utilisation de ses définitions dans la partie sphérique de l'astronomie par Weigel, *Horae*, *II*, p.128.
- La logique de Wolff est conforme à sa méthode, *Melet.*, sect. 3, n.14, p.185, *Eth.*, *V*, praefatio, p.10 (non paginée).

EUSTACHIUS Divinus (de Divinis) (circa 1620-?) physicien et astronome italien
- Ses observations microscopiques sur les vers, *Eth.*, *III*, §25, p.43, 44.

FABRY Honoratus (1607-1688)
- e Societate Jesu, Poenitentiarius ad *S. Petrum*, *Disc. prael.*, not. §168, p.99,[x] - Mathematicus et Philosophus eximius, *Horae, I,* p.347[x].
- Son essai pour proposer des éléments de géométrie plus clairs et plus faciles que ceux d'Euclide, *Ont.*, not. § 264, p.217.
- Des définitions nominales des figures, il a tiré les réelles dont il a déduit leurs propriétés, *Ont.*, not. § 265, p.217-218, *Horae, I,* p.347[x].
- Il pensait qu'il ne faut pas s'éloigner de l'interprétation traditionnelle de l'Ecriture à cause du système de Copernic et de Galilée, dont il s'est servi comme d'une hypothèse, *Disc. prael.*, not. §168, p.99.

FAUSTUS Milevius (saec. IV) théologien manichéen
- Il a prétendu à tort que Manès et ses disciples ont cherché le principe du mal dans un dieu mauvais, *Theo. nat., II,* not. §662, p.660, not. §670, p.671.
- Saint Augustin a enseigné contre lui qu'on ne peut sauvegarder la religion sans les cérémonies extérieures, *Eth., III,* praefatio, p.15 (non paginée).

FELLERUS Joachimus Fridericus (1673?-1726) historien allemand
- Editeur des *Miscellanea Leibnitiana*, *Ont.*, not. §7, p.5.

FERNELIUS Joannes (1497-1558) médecin français
- Il considérait comme puérile l'opinion opposée à celle d'Avicenne sur la permanence des éléments et de leurs qualités dans les mixtes, *Cosmo.*, not. §263, p.202.
- Son observation sur un homme en état de catalepsie, *Theo. nat., I,* not. §475, p.444.

FEUILLÉE Ludovicus (?-1732)
- Religiosus ex familia *Minimorum*, Mathematicus et Botanicus Regis Christianissimi, *Log.*, not. §762, p.545.
- Il a dessiné et peint lui-même les plantes et les ani-

maux exotiques de son histoire naturelle, *Ibid.*, p.545.

FEUILLET Radulphus Adalgarius (saec. XVII-XVIII)
- artis saltatoriae ... Magister, *Psycho. emp.*, not. § 292, p.207.
- Il a exprimé les danses par des signes, *Ibid.*, p.207.

FLAMSTAEDIUS Joannes (1646-1719) mathématicien anglais
- Autorité de ses observations astronomiques, *Log.*, not. §988, p.710, *Horae, II*, p.164.
- Sa description des phénomènes célestes et son catalogue des fixes, *Log.*, not. §746, p.538, *Eth.*, *III*, §25, p.42.
- Son observation des changements annuels des fixes, *Cosmo.*, §82, p.76.

FONTENELLIUS Bernardus le BOVIER de (1657-1757)
- Academiae Regiae Scientiarum ... Secretarius, *Log.*, not. §771, p.551, *Luc. com.*, §18, p.58, - vir in omni scientiarum ac eruditionis genere versatissimus, *Ibid.*, p.58.
- Il a affirmé que Leibniz est un théologien au sens strict du terme, *Luc. com.*, praefatio, p.8[x].
- Son jugement élogieux sur l'harmonie préétablie, *Luc. com.*, §18, p.58.
- Il a raconté, dans son *Eloge* de Rémond de Montmort, que celui-ci pouvait résoudre des problèmes très difficiles au milieu de beaucoup de bruit, *Psycho. emp.*, §243, p. 172, - et dans celui de Varignon combien ce dernier pouvait maintenir longtemps son attention, *Ibid.*, not. §250, p.181.

FORESTUS Petrus (1522-1597) médecin hollandais
- Les exemples d'extase qu'il a rapportés, *Theo. nat.*, *I*, not. §475, p.444.

LA FORGE Ludovicus de (1632-1666?)
- A propos des espèces corporelles qui dépendent immédiatement des sens et de l'imagination, *Melet.*, sect. 2, n.3, p 258.

FOUCHERUS Simon (1644-1696)
- Canonicus Divionensis, *Psycho. rat.*, not. §612, p.542, *Luc. com.*, §21, p.70.
- Ses objections contre l'harmonie préétablie, *Psycho. emp.*, not. §612, p.542. - Il a jugé impossible le mécanisme du corps qu'elle suppose, *Luc. com.*, §21, p.70.

FREIESLEBEN (FREISLEBEN) Christophus Henricus (?-1733) juriste allemand
- vir Consultissimus, *Horae, II*, p.139.
- Il n'a pas gardé l'ordre des *tituli* des *Institutiones*, *Ibid.*, p.139.

FREYLINGHAUSENIUS Joannes Anastasius (1670-1738) théologien luthérien allemand
- A propos du livre de chants sacrés qu'il a édités, *Theo. nat.*, *I*, not. §468, p.436.

GAIUS (saec. II)
- Sa notion du droit naturel, du droit des gens, du droit civil et de la justice, *Ont.*, not. §760, p.567, *Horae, II*, p.103.

GALENUS Claudius (circa 129-209)
- Sa doctrine de l'usage des parties du corps, *Ont.*, not. §509, p.397.
- Sa définition des parties similaires, dont s'est inspiré Sennert, *Cosmo.*, not. §249, p.193.

GALILAEUS Galileo (1564-1642)
- Il a appliqué les mathématiques à la connaissance de la nature, *Melet.*, sect. 3, n.8, p.143-144, *Eth.*, *III*, not. §86, p.167.
- Sa théorie mathématique : du mouvement des graves, *Disc. prael.*, not. §18, p.9, *Ont.*, not. §665, p.504, *Horae, II*, p.163, - de celui des projectiles, *Disc. prael.*, not. § 161, p.90, *Horae, II*, p.163, *Horae, III*, p.440, - et de la résistance des solides, *Eth.*, *I*, not. §329, p.513, *Horae, II*, p.163.
- Tous les mathématiciens reconnaissent qu'il a bien raisonné sur ce dernier point, mais il a mal déterminé la quantité de leur résistance, *Ont.*, not. §444, p.337.
- Sa découverte à propos du mouvement décrit par la ligne courbe, *Cosmo.*, not. §312, p.234.
- Ses expériences sur le poids de l'air, et ses arguments à ce sujet contre les Aristotéliciens, *Melet.*, sect. 3, n. 8, p.142, *Eth.*, *I*, not. §348, p.551.
- Sa théorie sur le double mouvement de la terre, *Disc. prael.*, not. §152, p.80, not. §168, p.98-99, - et la condamnation de celle-ci par l'Eglise romaine, qui n'a pourtant pas interdit de s'en servir comme d'une hypothèse, *Ibid.*, p.98-99, *Horae, I*, p.207-208; - ce qu'ont fait Ricciolus, *Horae, I*, p.207-208, - et Fabry, *Disc. prael.*, not. §168, p.99. - Le jugement de ce dernier sur cette théorie, *Ibid.*, p.99.
- On l'a accusé d'avoir usé de la liberté de philosopher au détriment de la religion, *Ibid.*, p.98.

- Sa découverte des satellites de Jupiter, *Theo. nat.*, *II*, not. §428, p.391, not. §431, p.394.
- Son utilisation du télescope, *Log.*, not. §736, p.534.

GASSENDI Petrus (1592-1655)
- merito suo philosophus magni nominis habeatur, *Horae*, *I*, p.121, - seculi superioris philosophus celebris, *Horae*, *II*, p.385.
- Ce n'était pas un esprit systématique, *Horae*, *I*, p.121-122.
- Il a pratiqué la façon érudite d'écrire d'avant Descartes, *Eth.*, *I*, not. §364, p.581.
- Sa distinction entre les vérités naturelles que Dieu nous fait connaître par la démonstration, et celles contenues dans l'Ecriture que Dieu nous révèle par les hommes inspirés par l'Esprit-Saint, *Theo. nat.*, *I*, not. §290, p. 287, not. §292, p.289, *Horae*, *II*, p.385.
- Son combat contre la théorie cartésienne des idées arbitraires, *Theo. nat.*, *I*, not. §191, p.167.
- Sa restauration de la philosophie d'Epicure, *Ont.*, §611, p.468, 469, *Theo. nat.*, *II*, not. §717, p.731.
- Sa représentation du chaos comme un amas d'atomes séparés par le vide, *Theo. nat.*, *II*, not. §401, p.359.
- Il a admis un espace vide séparé des corps, *Ont.*, §611, p.468-470, - c'est-à-dire un espace absolu, et aussi un temps absolu, *Ibid.*, not. §611, p.471.
- Ses définitions : de l'espoir, *Psycho. emp.*, §803, p.612 (Cit. : *Physica*, sect. 3, membr. 2, lib.10, c.6), - de la confiance, *Ibid.*, §613 (Cit. : *Physica, ibid.*), - du désir, *Ibid.*, §811, p.618 (Cit. : *Physica*, sect. 3, membr. 2, lib.10, c.5), - de la fuite du mal, *Ibid.*, §819, p.623 (Cit. : *Physica, ibid.*), - de la crainte, *Ibid.*, §826, p. 628, (Cit. : *Physica*, sect. 3, membr. 2, lib.10, c.6), - de l'irrésolution, *Ibid.*, §846, p.641 (Cit. : *Physica, ibid.*), - du courage, *Ibid.*, §851, p.645 (Cit. : *Physica, ibid.*), - de la colère, *Ibid.*, §870, p.656-657 (Cit. : *Physica*, sect. 3, membr. 2, lib. 10, c.7), *Ibid.*, §872, p.658.
- La distinction entre les différentes espèces de crainte

qu'il a attribuée à Cicéron, *Ibid.*, not. §830, p.632.

GELLIUS Aulus (circa 150 a.C.)
- Sur les noms propres, *Ont.*, §245, p.197 (Cit. : *Noctes Atticae*, lib.V, c.2).
- Sa définition du repentir, *Psycho. emp.*, §760, p.573.

GERHARDUS Joannes (1582-1637) théologien luthérien allemand
- Il a approuvé la thèse de Guillaume d'Occam qu'il est de l'essence divine de se connaître elle-même intuitivement, ainsi que tous les futurs et les possibles, *Monit.*, §17, p.33.
- Il était d'accord avec Martinus Becanus pour affirmer que la science naturelle de Dieu précède les actes libres de sa volonté, *Luc. com.*, §12, p.33 (Cit. : *Locorum Theologicorum Exegesis* ..., Locus II, c.4, sect. 13, n.244, p.303 B). - Sa critique de la position contraire défendue par Duns Scot, *Ibid.*, p.34 (Cit. : *Locorum Theologicorum* ... Tomus secundus ..., De Providentia, n.34, p.348).
- Avec Martinus Becanus il a aussi soutenu que Dieu connaît *ab aeterno*, non pas *absolute*, mais *sub conditione*, les actions libres de l'homme et de l'ange, *Monit.*, §4, p.8.
- Ce qui est contingent et futur peut être prévu par Dieu, mais sa prescience ne confère l'immutabilité aux choses qu'*a posteriori*, *Monit.*, §4, p.8 (Cit. : *Locorum Theologicorum* ..., *Tomus secundus* ..., De Providentia, n.39, p.35 A, *Locorum Theologicorum* ... *Exegesis* ..., sect. 13, n.255, p.306 A).
- Ce que Dieu veut est nécessaire parce que sa volonté est immuable, *Monit.*, §4, p.8. - Sa volonté n'impose aux choses qu'une nécessité conditionnelle, *Melet.*, sect. 1, n.35, p.146. - Son décret est unique, *Luc. com.*, §13, p. 40 (Cit. : *Locorum Theologicorum* ... *Exegesis* ..., Locus II, c.4, sect. 5, n.153, p.270 A).
- Les futurs contingents ont une vérité déterminée, *Monit.*, §4, p.8 (Cit. : *Locorum Theologicorum* ... *Exegesis* ..., c.8, sect. 13, n.255, p.306 A).

GEULINGIUS Arnoldus (?-1669)
- Sur l'usage des propositions identiques dans les démonstrations, *Melet.*, sect. 3, n.3, p.20.

GILBERTUS Porretanus (1070-1154)
- Sa philosophie magnétique, *Eth.*, *III*, not. §86, p.166-167.

Gnostici
- Leur doctrine est un mélange de la théologie chrétienne et des principes pythagoriciens, *Theo. nat.*, *I*, not. §268, p.245.

GOCLENIUS Rudolphus (1547-1628)
- *Goclenius* noster, qui seculo superiori Professoris philosophiae primarii in hac Academia [i.e. Marburgensi] fungebatur, *Ont.*, not. §485, p.370.
- Ses définitions: du confus et du distinct, *Ont.*, not. § 485, p.370-371 (Cit. : *Lexicon philosophicum ...*, p.440), - de l'ordre, *Ont.*, §488, p.373, - de la vérité métaphysique, *Ont.*, §502, p.388-389 (Cit. : *Lexicon ...*, p. 312), - de la continuité, *Ont.*, §567, p.438 (Cit. : *Lexicon ...*, p.465), - du sujet, *Ont.*, §712, p.535 (Cit. : *Lexicon ...*, p.1086), - du degré, *Ont.*, §760, p.564-566 (Cit. : *Lexicon ...*, p.620), - du phénomène, *Cosmo.*, not. §225, p.173 (Cit. : *Lexicon philosophicum Graecum ...*, p. 255 B), - du naturel et du miracle, *Ibid.*, not. §510, p. 397 (Cit. : *Lexicon ...*, p.744, 686), - de l'imagination, *Psycho. emp.*, not. §93, p.55 (Cit. : *Lexicon philosophicum Graecum ...*, p.256 B), - de la réminiscence, *Ibid.*, not. §232, p.165 (Cit. : *Lexicon ...*, p.962 B), - de la réflexion, *Ibid.*, not. §257, p.187 (Cit. : *Lexicon ...*, p.971 A), *Ibid.*, not. §258, p.189, - de l'amour, *Ibid.*, §653, p.489 (Cit. : *Lexicon ...*, p.95 A), *Ibid.*, not. § 660, p.498 (Cit. : *Lexicon ...*, p.688 B), - du repentir, *Ibid.*, §760, p.572 (Cit. : *Lexicon ...*, p.831 A), - de la louange, *Ibid.*, §770, p.583 (Cit. : *Lexicon ...*, p.639 B), - de la volonté, *Ibid.*, §886, p.667 (Cit. : *Lexicon ...*, p.329 A-B), - de la spontanéité, *Ibid.*, not. §933, p.702,

- de l'influx, *Psycho. rat.*, not. §559, p.481 (Cit. : *Lexicon* ..., p.238).
- Il n'a pas expliqué la notion de force, seulement celle de puissance, *Ont.*, §761, p.568.
- Il a tenu pour synonymes les termes : mémoire artificielle et mémoire acquise, *Psycho. emp.*, not. §205, p. 142.
- Il a pris le mot *intellectus* dans un sens vague et ambigu, *Psycho. emp.*, not. §275, p.197.
- Il a rappelé que Cicéron a caractérisé l'*ingenium* par la *vis facile fingendi*, *Ibid.*, not. §479, p.369.
- A propos de la distinction entre l'art et la science d'après Platon, *Eth.*, *I*, not. §482, p.741.
- Il n'a pas expliqué la notion de haine, *Psycho. emp.*, §678, p.513.
- Sa distinction entre l'appétit sensible et l'appétit rationnel, *Ibid.*, §886, p.668.
- Son explication des termes : volition et nolition, *Ibid.*, §886, p.668.

GRANDUS Guido Franciscus Ludovicus (1671-1742)
camaldule italien
- Mathematicus celebris, *Ont.*, not. §61, p.42.
- Il a soutenu qu'en posant le néant une infinité de fois, on obtient quelque chose, *Ibid.*, p.42.

GRAVESANDIUS Gulielmus Jacobus (1688-1742)
- celebris apud Lugdunenses Philosophus, *Luc. com.*, § 18, p.57.
- Son jugement sur Leibniz, *Ibid.*, p.57.

GREENIUS Robertus (?-1730)
- Anglus, *Ont.*, not. §611, p.470.
- L'espace réel, tel que le concevaient Epicure et Gassendi, est imaginaire, *Ibid.*, p.470.
- La substance diffère des accidents par sa force active, *Ont.*, not. §794, p.596.

GREGORIUS Jacobus (1638-1675)
- Scotum, Geometram summum, *Horae, I*, p.201[x], - Geometram eximium, *Ibid.*, p.179[x], - primi ordinis geometra, *Log.*, not. §911, p.647.
- Il a le premier découvert que si le carré du diamètre du cercle = 1, la superficie de celui-ci = 1-1/3+1/5-1/7 +1/9-1/11 etc. .., *Horae, I*, p.179[x].
- A propos du centre de gravité des courbes paraboliques, *Log.*, not. §911, p.647.
- Sa critique du traité de la quadrature de l'hyperbole, de l'ellipse et du cercle de Huygens, *Horae, I*, p.200[x]-201[x].

GREEW Nehemias (saec. XVII) médecin anglais
- Ses recherches sur l'anatomie des plantes, *Log.*, not. §686, p.498.

GROSSIUS Christophus Fridericus (saec. XVIII) érudit allemand
- Sa traduction en allemand du *Traité de la foiblesse de l'esprit humain* de Daniel Huet, *Psycho. rat.*, not. §41, p.27.

GROTIUS Hugo (1583-1645)
- primus hoc Jus [i.e. naturae et gentium] universim et certo ordine tractavit, *Melet.*, sect. 3, n.14, p.188, - Vir valde acutus, *Ibid.*, p.191.
- Même si Dieu n'existait pas, il y aurait un droit naturel, *Monit.*, §15, p.29.
- Sa définition du vol, *Log.*, not. §679, p.493 (Cit. : *De jure belli ac pacis* ..., lib.I, c.1, §10).
- Avec les Sociniens, il a considéré le Christ comme un nouveau législateur, *Melet.*, sect. 3, n.14, p.191.
- La préface de Wolff à la réédition de son *De jure belli ac pacis*, *Melet.*, sect. 3, n.14, p.193. - Le commentaire de cet ouvrage par Thesmarus, *Ibid.*, p.192.

GUERICKE Otto de (1602-1686)
- Consul Magdeburgensis, *Melet.*, sect. 3, n.8, p.142.

- Son invention de la pompe à air et ses expériences sur le poids l'air, *Log.*, not. §772, p.552, not. §1069, p. 763, not. §1188, p.832, *Cosmo.*, not. §285, p.216, *Eth.*, *I*, not. §348, p.551, not. §351, p.557, not. §358, p.569, *Melet.*, sect. 3, n.8, p.142. - Elles font autorité, *Log.*, not. §807, p.582.
- Ses expériences sur l'électricité, *Eth.*, *I*, not. §348, p.551.
- Son indicateur des tempêtes, *Theo. nat.*, *I*, not. §661, p.613, *Eth.*, *III*, not. §54, p.110.

GÜRTLERUS Nicolaus (1654-1711) théologien réformé suisse
- Ses *Institutiones Theologicae*, *Theo. nat.*, *I*, §413, p. 386.
- Son explication du terme : *processio*, *Horae*, *III*, p. 504-505.
- Sur la possibilité pour les anges de parler, *Melet.*, sect. 2, n.3, p.252.

HALLEIUS Edmundus (1656-1742)
- L'autorité de ses observations astronomiques, *Log.*, not. §988, p.710.
- Sa détermination de la parallaxe solaire, *Log.*, not. §1145, p.804.
- Sa méthode pour déterminer l'âge de la terre, *Eth.*, *III*, not. §158, p.118.

HAMBERGERUS Georgius (1622-1716)
- Mathematum ac Physicae, apud Ienenses, ... Professor clarissimus, *Horae*, *I*, p.210.
- Il a défendu le système des causes occasionnelles, *Ibid.*, p.210.

HAMEL Joannes du (1633-?)
- in Academia Parisiensi Philosophiae circa finem seculi superioris et initium praesentis Professorem, *Ont.*, § 470, p.356-357, - Socius Sorbonicus et in Academia Parisiensi Professor, *Disc. prael.*, not. §166, p.95, *Luc. com.*, §3, p.4, §12, p.32.
- Il a insisté sur la nécessité de s'en tenir à l'enseignement d'Aristote, *Disc. prael.*, not. §166, p.95.
- Il a rangé les différences essentielles et les propres parmi les qualités, *Ont.*, §470, p.357.
- Ses définitions : de la cause en général et de l'action, *Psycho. rat.*, §563, p.483 (Cit. : *Philosophia universalis* ..., t.III, p.76), - de la forme substantielle, *Horae*, *II*, p.706.
- Sur la preuve de l'existence de Dieu par la contingence de l'univers, *Luc. com.*, §3, p.4.

HAMEL Joannes Baptista du (1623-1706)
- Secretarius ... Academiae Regiae Scientiarum florentis, *Ont.*, not. §805, p.603.
- Ses définitions : de la cause, *Ont.*, §951, p.685 (Cit. : *Philosophia vetus et nova* ..., t.III, tract. 2, def.1, qu. 1), - des *affectus*, *Psycho. emp.*, §618, p.466 (Cit. : *Philosophia vetus et nova* ..., t.II, tract. 3, disp. 2, qu.3, art.1), - de la liberté, *Ibid.*, §943, p.707-708

(Cit. : *Philosophia vetus et nova ...*, t.II, tract. 2, disp. 3, qu.5), *Theo. nat.*, *II*, not. §277, p.247.
- Les géomètres n'étendent pas à la physique leurs démonstrations relatives à la quantité continue, *Ont.*, not. §805, p.603 (Cit. : *Philosophia vetus et nova ...*, t.IV, tract. 2, dissert. 1, c.2).

HAMMONDUS Henricus (1605-1660) théologien anglais
- celebris Paraphrasta novi Testamenti, *Theo. nat.*, *I*, not. §268, p.245, - doctissimus, *Luc. com.*, §3, p.5.
- Dieu peut faire des choses plus nombreuses et plus grandes que nous, *Theo. nat.*, *I*, §417, p.392 (Cit. : *Epistolae sanctorum Apostolorum* ..., t.II, p.193).
- Ses décrets sont insondables, *Ibid.*, §419, p.395 (Cit. : *Epistolae* ..., t.II, p.57).
- Paraphrase de : *Rom. I*, 20, *Luc. com.*, §3, p.5 (Cit. : *Epistolae* ..., t.II, p.8).
- L'édition de ses *Epistolae* ... par Le Clerc, *Luc. com.*, §3, p.5.

HANSCHIUS Michael Gottlieb (1683-?) théologien, philosophe et mathématicien allemand
- Il a pris en considération toutes les figures et tous les modes du syllogisme, *Melet.*, sect. 1, n.37, p.167-168.
- Sa critique de la logique allemande de Wolff et la réponse de celui-ci, *Ibid.*, p.167-172.
- Son édition des oeuvres de Kepler, *Ibid.*, p.167.

HARSDORFFERUS Georgius Philippus (1607-1658) mathématicien allemand
- Ses affirmations confuses en dioptrique et en catoptrique, *Melet.*, sect. 2, n.3, p.257.

HARTMANNUS (saec. XVIII) peut-être s'agit-il de l'auteur des *Principes de la fortification* ..., Bruxelles, 1722.
- La courbe de ses arches est une ellipse apollinienne, *Log.*, not. §737, p.535.

HARVAEUS Gulielmus (1578-1657)
- Sa théorie sur la génération de l'homme, *Psycho. rat.*, not. §6, p.5.

HAUKSBEIUS (HAWSBEE) Franciscus (saec. XVII) mathématicien et physicien anglais
- L'autorité de ses expériences en physique, *Log.*, not. § 817, p.582.
- Il a produit une lumière en frottant une vitre avec la main, *Log.*, not. §935, p.663.

HEER Henricus ab (saec. XVII) médecin allemand
- Ses observations sur l'état cataleptique, *Theo. nat.*, *I*, not. §475, p.444.

HEINRICH (saec. XVIII)
- e Societate Jesu, Mathematum et Theologiae moralis Professor in Academia Vratislaviensi, *Ont.*, not. §201, p. 166.
- Ses lettres à Wolff à propos de l'obscurité de la notion leibnizienne de congruence, *Ibid.*, p.166.

van HELMONT Joannes Baptista (1577-1644)
- Ce qu'il a appelé *gas* et *blas*, *Psycho. rat.*, not. §583, p.504.

HERIGONIUS Petrus (saec. XVII) mathématicien français
- A propos de la définition par Euclide de la vision claire et de la vision obscure, de la vision distincte et de la vision confuse, *Psycho. emp.*, not. §76, p.42.

HERLINUS Christianus (saec. XVI)
- La façon dont avec Dasypodius il a ramené les démonstrations d'Euclide à des syllogismes formels, *Eth.*, *V*, praefatio, p.16 (non paginée).

HERMANNUS Jacobus (1678-1733) mathématicien suisse
- in Geometria sublimiori et Analysi recentiorum acumen haud vulgare satis probavit, *Ont.*, not. §760, p.567, -

Vir insignis, *Cosmo.*, §527, p.409.
- Sur la conservation de la même quantité de forces dans le conflit des corps élastiques, *Cosmo.*, §527, p.409.
- Il trouvait qu'il y a beaucoup d'obscurité dans le *Specimen Dynamicum* de Leibniz, *Ont.*, not. §760, p.567.

HERO Alexandrinus (circa 75)
- A propos de sa fontaine, *Disc. prael.*, not. §10, p.4-5.

HERODOTUS (circa 484-420)
- Il a rapporté que d'après les Egyptiens l'écliptique est perpendiculaire au cercle équinoctial, *Eth.*, *III*, not. §58, p.118.

HESIODUS (saec. X a.c.)
- A propos de ses vers, *Psycho. emp.*, not. §210, p.145.

HEVELIUS Joannes (1561-1687)
- Astronomus superioris seculi praestantissimus, *Log.*, not. §762, p.545, - summus ille Astronomus, *Psycho. rat.*, §205, p.168.
- C'est la gloire qui l'a incité à effectuer ses recherches astronomiques, *Psycho. emp.*, §771, p.585-586. - L'autorité de celles-ci, *Eth.*, *I*, not. §21, p.27, *Eth.*, *III*, not. § 29, p.58, *Horae*, *II*, p.164.
- Sa méthode pour observer les planètes fixes, *Psycho. rat.* not. §124, p.97.
- Il pensait que les primaires tournent autour du soleil, *Horae*, *III*, p.440.
- A propos des phases de la lune qu'il a lui-même dessinées *Log.*, not. §762, p.545.

HIPPARCHUS (180?-125?)
- Son catalogue des étoiles fixes, *Cosmo.*, §51, p.46.
- D'après Plutarque, Cléanthe a estimé que les Grecs ont dû penser que ses conceptions astronomiques détruisaient la religion, *Horae*, *II*, p.378.

HIPPOCRATES (circa 400-377)
- divinus *Hippocrates, Horae, I,* p.173.
- Il n'a admis d'autre théorie que celle déduite de la comparaison de ses observations, *Horae, I,* p.155, - et a conservé la médecine libre de toute hypothèse, *Ibid.,* p.173.

La HIRE Philippus de (1640-1718)
- Sur la construction des équations, *Log.,* not. §785, p. 564.

HOBBESIUS Thomas (1588-1679)
- philosophus Anglus, *Psycho. rat.,* not. §33, p.25, - invisor homo, *Horae, I,* p.213, - Materialista, *Psycho. rat.,* not. §33, p.25, not. §658, p.596, *Theo. nat., II,* not. §616, p.604, *Eth., III,* not. §86, p.166.
- Fataliste universel, il a affirmé la nécessité absolue dans le monde matériel et nié la liberté de l'âme, *Theo. nat.,* II, not. §528, p.509, not. §622, p.612. - Il a nié la contingence de l'univers éliminé la perfection des choses et tout soumis au *fatum, Luc. com.,* §6, p.13. - Il n'a pas vu que la nécessité hypothétique ne supprime pas la contingence, *Ont.,* not. §297, p.238.
- Il a repris à son compte l'erreur d'Abélard, selon qui il n'y a de possible que ce qui existe en acte, *Luc. com.,* §23 (marqué : §22), p.76.

HOFFMANNUS Fridericus (1660-1742)
- Medicus praeclari nominis, *Cosmo.,* not. §170, p.141, - celeberrimum nostrum *Hoffmannum, Monit.,* §11, p.20.
- Sur l'usage du mécanisme en médecine, *Monit.,* §11, p. 20 (Cit. : *Medicinae rationalis ... tomus primus ...,* lib. I, sect. 1, §35, schol., p.65).
- La matière ne peut être conçue sans mouvement, *Cosmo.,* not. §170, p.141.
- Le processus infini des causes contingentes, *Luc. com.,* §16, p.52 (Cit. : *Medicinae rationalis ...,* tomus primus ..., c.8, §8, p.45), *Ibid.,* p.53.

HOLLMANNUS Samuel Christianus (saec. XVIII) professeur de philosophie allemand
- Il a reconnu la vérité et la solidité de la doctrine de Wolff, *Horae, I,* p.288.

HOOCKIUS Robertus (1635-1703)
- Il a reconnu l'utilité de l'algèbre philosophique pour promouvoir la philosophie naturelle, *Melet.,* sect. 3, n. 7, p.131.
- L'excellence de ses observations microscopiques, *Log.,* not. §684, p.497.
- Sur le mouvement des planètes primaires, *Disc. prael.,* not. §161, p.90, *Horae, III,* p.440.
- Sur les changements annuels des étoiles fixes, *Cosmo.,* §82, p.76.

HOMERUS (saec. IX a.c.)
- A propos de ses vers, *Psycho. emp.,* not. §210, p.144-145.

HOROCCIUS Jeremias (1619-1641) astronome anglais
- Ses prolégomènes à l'astronomie de Kepler, *Eth., I,* not. §80, p.109 (Cit. : ces prolégomènes).

HORCHIUS Henricus (saec. XVII)
- Ses éléments d'arithmétique, *Ratio,* sect. 2, c.2, §14, 15, p.123-124.

HOSPITALIUS Antonius (1661-1704)
- Sa déduction des propriétés de la parabole, de l'ellipse et de l'hyperbole à partir de leur genèse, *Ont.,* not. § 264, p.217.
- Pour construire les équations cubiques et quadratiques, il s'est servi des formules générales proposées par Craig pour les lieux solides, *Log.,* not. §785, p.564.

HUDDENIUS Joannes (?-1704) mathématicien hollandais
- Ses lettres sur la réduction des équations, les *maxima* et les *minima,* dans les commentaires de la géométrie de

Descartes, *Psycho. emp.*, not. §217, p.151, 152.

HUETIUS Daniel (1577-1644)
- Scepticus, *Psycho. rat.*, not. §41, p.27, §43, p.28, *Horae, I*, p.284.
- Son *Traité de la foiblesse de l'entendement humain*, traduit en allemand par Grossius, relève du domaine de l'opinion, *Log.*, not. §602, p.447.

HUGENIUS Christianus (1629-1695)
- qui inter Batavos tanquam stella primae magnitudinis fulget, vir nemini de scientiis mathematicis praeclare merito secundus, *Horae, I*, p.220[x], - cujus multum valet de rebus mathematicis judicium, *Log.*, not. §632, p.461,
- inter excelsa ingenia in sublimi constitutus, *Melet.*, sect. 3, n.8, p.144.
- Il a fait remarquer que les erreurs des mathématiciens dépendent souvent d'un vice de forme, *Log.*, not. §632, p. 461.
- Sur le rapport du diamètre à la circonférence du cercle, *Log.*, not. §896, p.638.
- Dans son traité sur le mouvement des corps dû à la percussion, il a placé en premier lieu comme une hypothèse la première loi du mouvement énoncée par Newton, *Cosmo.*, not. §309, p.232. - Mais il trouvait les *Principia mathematica* difficiles en raison de leurs démonstrations incomplètes, *Log.*, not. §857, p.616.
- Sa découverte que se conservent le produit de la masse par le carré des vitesses, *Cosmo.*, not. §475, p.367, not. §476, p.369, not. §481, p.373, - et la même direction du mouvement, *Psycho. rat.*, not. §607, p.535, *Luc. com.*, § 19, p.62.
- Sur la mesure des forces vives, *Psycho. rat.*, not. § 597, p.519.
- Son procédé des mesures fixes à l'aide du pendule, *Log.*, not. §767, p.548.
- Il a rendu régulier le mouvement des horloges grâce à l'emploi d'un pendule adéquat, *Ont.*, not. §585, p.451.
- Ses théories sublimes sur le mouvement des pendules, le

centre d'oscillation et le mouvement des corps dû à la percussion, *Horae, II,* p.131, 163, *Luc. com.,* §24 (marqué: §23) p.78-79.
- Son estimation de la durée requise pour qu'un boulet lancé de la terre parvienne sur le soleil, *Eth., III,* not. §25, p.46.
- Il a conduit la dioptrique "ad eximium fastigium", *Horae, II,* p.164.
- Sa démonstration de la composition du télescope, *Eth., I,* not. §357, p.565.
- Sur la grande distance des étoiles fixes, *Theo. nat., I,* §43, p.36.
- Son *automatum planetarium, Theo. nat., II,* §606, p.593.
- Son traité des jeux de hasard ressortit à la logique des probables, *Log.,* not. §578, p.437, not. §595, p.443.
- La critique par Gregorius de son traité de la quadrature de l'hyperbole, de l'ellipse et du cercle, *Horae, I,* p. 200^{x}-201^{x}, *Horae, II,* p.93.

HUTTERUS Leonardus (1563-1616) théologien luthérien allemand
- Le commentaire de son *Compendium theologiae* par Bechmann *Luc. com.,* §13, p.38.

HUTTEVILLIUS (HOUTEVILLE) Claudius Franciscus (1686-1742) oratorien français
- Sa définition du miracle, *Cosmo.,* not. §523, p.406.

HYERONIMUS Divus (331?-420)
- Il était créatianiste, *Psycho. rat.,* not. §699, p.622.
- Il s'est efforcé en vain d'expliquer que Tertullien n'était pas matérialiste, *Ibid.,* not. §701, p.624.

HYPOCRATES Chius (saec. V a.c.)
- ex mercatore naufrago Geometra factus, *Log.,* not. §785, p.563.
- Sa solution au problème de la duplication du cube, *Ibid.* p.563.

ISQUIERDUS Sebastianus (1601-1680)
- e Societate Jesu, *Theo. nat., I,* praefatio, p.23[x].
- Ce monde est le meilleur possible, *Ibid.*, p.23[x], not. §406, p.377.

JACOBAEUS OLIGERUS (1650-1701) professeur de médecine et de philosophie hollandais
- Medicus non illecebris, *Horae, III*, p.75.
- Sa conception des parties de la médecine, *Ibid.*, p.75-76.

JAMBLICHUS (263-333)
- On ne peut conclure de l'imperfection des parties à celle du tout, *Cosmo.*, not. §548, p.429.

JAQUELOTUS Isaacus (1647-1707)
- Theologus cordatus, *Psycho. rat.*, not. §610, p.540, - Theologus eximius, *Ibid.*, not. §617, p.549, *Horae, I*, p. 199, - celeberrimus ille ac exquisiti judicii Theologus, *Monit.*, §15, p.29, - in religione naturali et Christiana defendenda praeclare versatus, *Luc. com.*, §18, p.59, - Theologus merito suo celebris, qui acumine, scientia, aequitate et candore usus ... causam Dei bene egit, *Luc. com.*, §21, p.67, - in viros singularem acuminis cum ingenii, tum judicii gloriam consecutus, quos inter si *Jaquelotum* refero, recte sentientium judicio minime erravero, *Monit.*, §10, p.15.
- Dans le système des causes occasionnelles, la liberté est une pure illusion, *Psycho. rat.*, not. §610, p.540, - comme ce système lui-même, *Ibid.*, not. §639, p.583, *Luc. com.*, §19, p.63, - qui soulève plus de difficultés que celui de l'harmonie préétablie, *Monit.*, §15, p.29.
- Il faut préférer ce dernier système aux deux autres, *Psycho. rat.*, not. §639, p.582 (Cit. : traduction latine par Leibniz d'un passage de la *Conformité de la foi avec la raison* ..., p.381-382), *Luc. com.*, §19, p.63. - Il ne détruit pas la liberté, *Psycho. rat.*, not. §633, p.572-573, *Monit.*, §15, p.29 (Cit. : traduction du même ouvrage, p.381-382), *Log.*, not. §1040, p.746, not. §1072, p.766, *Luc. com.*, §18, p.59 (Cit. : traduction du même ouvrage, p.381-382), *Ibid.*, §18, p.60, §20, p.65, §21, p.66-67, *Monit.*, §9, p.14, §10, p.15. - Le mécanisme du corps qu' il suppose n'est pas impossible, *Luc. com.*, §21, p.66-67, 70 (Cit. : traduction du même ouvrage, p.387, sq.), *Psy-*

cho. rat., not. §617, p.549, *Horae, I*, p.199-200, 204-205.

JOANNES DAMASCENUS (?-749?)
- Sa définition de la commisération, *Psycho. emp.*, §696, p.526.

JONSTONUS Joannes (1603-1675) médecin d'origine écossaise
- Il a appelé *Nosocomice* l'ensemble formé par la *curatoria*, la pathologie et la sémiotique spéciales, *Horae, III*, p.102.

JOSEPHUS FLAVIUS (37-100?)
- Il a rapporté que les Athéniens ont fait du soleil un Dieu, *Horae, II*, p.377.

JULIANUS (circa 560 a.C.) juriste romain
- Sur les raisons des lois, *Horae, II*, p.110-111, 112.
- Sur la répartition des articles des lois, *Melet.*, sect. 3, n.14, p.190.

JUNGIUS Joachimus (1587-1667)
- virum magni nominis, qui suo tempore unanimi omnium intelligentium consensu Demonstrator optimus habebatur, *Log.*, not. §399, p.325.
- Son explication de la différence formelle entre les notions, *Log.*, not. §77, p.155.
- Sur ce qu'il a appelé : *praedicatio praeternaturalis*, *Log.*, not. §399, p.325 (Cit. : *Logica Hamburgensis* ..., lib. III, c.10, §11, 14, 18), *Melet.*, sect. 1, n.37, p. 168, 169, 170.
- La façon dont il a réduit le mode *Camestres* au mode *Celarent*, *Log.*, not. §399, p.325, - et les syllogismes de la troisième figure en *Disamis* et *Bocardo* à ceux de la première, *Log.*, not. §399, p.326.
- Ses définitions : de la sophistique, *Log.*, not. §636, p.463, - de l'étendue, *Ont.*, not. §550, p.429 (Cit. : *Logica Hamburgensis* ..., lib.I, c.5, §8), *Horae, III*, p.394.

- Ce qu'il a appelé: "toleranter vera", *Ont.*, §814, p. 610.

JURIAEUS Petrus (1637-1713)
- Theologi magno alias zelo praediti, quos inter *Petrum Juriaeum, Psycho. rat.*, not. §609, p.538.
- Le corps ne pouvant mouvoir le corps, ni l'âme agir sur le corps, pas plus que le corps sur l'âme, il faut que Dieu produise les mouvements dans le corps et les opérations de l'âme, *Ibid.*, p.538.

JUSTINUS (saec. II vel V) historien romain
- autor est, ignorationem vitiorum plus in Scytis profecisse, quam in Graecis virtutis cognitionem, *Eth.*, *II*, not. §208, p.249.

JUSTINIANUS (483?-565)
- Princeps aequissimus, *Horae, I*, p.146, - Imperator, *Horae, II*, p.96.
- Il a voulu que le droit civil romain soit rédigé "ut sit una concordia, una consequentia", *Eth.*, *I*, not. §370, p.596, *Horae, I*, p.146 (Cit. : *Pandectae*, I,8), *Horae, II*, p.96, - afin d'en éliminer les antinomies, *Horae, I*, p. 146, *Horae, II*, p.99, 100.
- Son *Corpus juris civilis*, *Horae, III*, p.61.
- Son utilisation des raisons politiques des lois, *Horae, II*, p.113.

JUVENALIS Decimus Janius (42?-125?)
- Sur la façon de s'exprimer avec les doigts, *Melet.*, sect. 2, n.3, p.256.

KEILLIUS Joannes (1671-1721) médecin anglais
- Il a conçu le temps en fonction de son usage mathématique, *Ont.*, §586, p.452.
- Sa notion de l'espace, *Ont.*, §611, p.469.
- Il a appelé Newton le premier inventeur, et Leibniz le second, du calcul différentiel, *Eth.*, *I*, not. §360, p.573.
- Son interprétation de l'argument de Zénon, dit d' Achille, *Horae*, *III*, p.425-427 (Cit. : *Introductio ad veram physicam* ..., lect.6, p.57).

KEPLERUS Joannes (1571-1630)
- summum fuisse astronomum uno ore confitentur omnes rerum astronomicarum periti, *Eth.*, *I*, not. §418, p.666, - Astronomus summus, *Melet.*, sect. 3, n.8, p.143, - virum sagacissimi ingenii et acuminis prorsus singularis, *Psycho. rat.*, not. §640, p.585, - sagacissimi mortalium elogio dudum cohonestatus, *Luc. com.*, §4, p.9.

Astronomie

- Il a appelé *Physica coelestis* la partie de la cosmologie qui traite des mouvements dans les cieux, *Disc. prael.*, not. §77, p.35.
- Il a essayé de préciser les règles de l'ordre du système solaire, "sed magis ingeniosa, quam veritati consentanea dedit", *Cosmo.*, not. §556, p.435.
- Il a mal jugé de l'utilité de l'algèbre en astronomie, *Eth.*, *I*, not. §418, p.666.
- Sa défense du système de Copernic, *Disc. prael.*, not. §151, p.80, *Psycho. rat.*, not. §640, p.585 (Cit. : préface de l'*Astronomia nova* ...).
- Il s'est servi de l'hypothèse du mouvement de la terre pour expliquer les mouvements des astres et établir les tables astronomiques, *Horae*, *I*, p.208. - Galilée a repris son hypothèse sur le premier point, *Eth.*, *III*, not. §86, p.167.
- Il a utilisé la force attractive de Gilbert pour expliquer les mouvements dans les cieux, *Eth.*, *III*, not. §86,

p.167.
- Sur le mouvement elliptique des planètes, *Disc. prael.*, not. §161, p.90, *Log.*, not. §241, p.241, *Ont.*, not. §50, p.33, not. §488, p.374, *Eth.*, *II*, not. §475, p.578, *Horae, III*, p.440.
- C'est la gloire qui l'a poussé à développer sa théorie des planètes, *Psycho. emp.*, §771, p.586, *Eth.*, *II*, not. § 80, p.109, - dans laquelle il a adapté les termes employés par les anciens astronomes, *Disc. prael.*, not. §147, p.76, *Log.*, not. §192, p.212, *Ont.*, not. §12, p.8.
- Avant même l'invention du télescope, il a estimé que Vénus, Mercure et toutes les autres planètes ont une certaine lueur naturelle, *Log.*, not. §1017, not. §1018, p. 734, *Ont.*, not. §33, p.19.
- Son commentaire de la partie optique de l'astronomie est un exemple de l'application des mathématiques à la connaissance de la nature, *Melet.*, sect. 3, n.8, p.143.
- Il a d'abord douté de l'existence des satellites de Jupiter découverts par Galilée, parce qu'il la croyait contraire à sa propre hypothèse proposée dans le *Mysterium Cosmographicum*, *Theo. nat.*, *II*, not. §431, p.394.
- Sa satisfaction au sujet de ses découvertes, *Horae, I*, p.239[x]-240[x] (Cit. : *Astronomia nova* ...), - qui ont permis la rénovation de l'astronomie, *Horae, II*, p.164.
- Il a rapporté la découverte faite par d'autres d'un anneau lumineux autour de la lune, *Log.*, not. §805, p. 581.

Varia

- L'édition de ses oeuvres par Hanschius, *Melet.*, sect. 1, n.37, p.167.
- Les prolégomènes à son astronomie par Horoccius, *Eth.*, *I*, not. §80, p.109.
- L'exposé de ses définitions et de ses propositions, sans leur démonstration par Mersenne, *Log.*, not. §863, p. 621.
- Sur la vision à longue distance, *Melet.*, sect. 2, n.3, p.256.

- L'invention du télescope lui a permis d'étudier la réfraction de la lumière sur les verres polis, mais ne l'a pas aidé à établir les propositions de sa dioptrique, *Eth., I,* not. §362, p.577.
- Il a appelé force d'inertie la force de résistance au mouvement, *Horae, II,* p.689, *Horae, III,* p.428.
- Il a attribué une âme à la terre, *Theo. nat., I,* not. §159, p.143, *Theo. nat., II,* not. §63, p.38.
- Il a dénommé l'astronomie: "matrem sapientissimam", et l'astrologie: "filiam stultam", *Eth., III,* not. §29, p. 57.
- Son éloge par Horoccius et Whistonus, lequel a dit qu'il est le père de la philosophie newtonienne, *Eth., I,* not. §80, p.109, 110, *Eth., III,* not. §86, p.167.
- Paraphrase par Wolff d'une partie de l'introduction à l'*Astronomia nova, Luc. com.,* §4, p.9.

KOETHEN Joannes Jacobus (?-1741)
- vir maxime Reverendus ... Pastor Lutheranus Genovensis, quem non solum facundia, verum etiam solida rerum divinarum ac humanarum scientia commendat, *Psycho. rat.,* praefatio, p.17^{x}-18^{x}.
- Ses félicitations publiques à Wolff lors de son élection comme membre de l'Académie royale des sciences de Paris, *Ibid.,* p.17^{x}-18^{x}.

KOHLANSIUS Joannes Christophus (1604-1677) philologue et mathématicien allemand
- Son traité d'optique, *Melet.,* sect. 2, n.3, p.257.

KRESSIUS Joannes Paulus (1678-1741)
- praeeuntem Jctum Helmstaediensem celeberrimum, *Horae, II,* p.140.
- Il a suivi un autre ordre que celui des *Pandectae* et des *Institutiones, Ibid.,* p.140.

LACTANTIUS Caecilius Firmianus (circa 250)
- Il estimait que l'usage de l'art oratoire pour défendre tant le faux que le vrai est indigne du philosophe, *Eth., I,* not. §114, p.180.
- Il a signalé qu'autrefois on appelait théologiens non seulement les philosophes à cause de leur théologie naturelle, mais aussi les poètes en raison de leur théologie fabuleuse, *Theo. nat., I,* not. §1, p.2.

LALOVERA (de LA LOUBÈRE, ou LALOUÈRE) Antonius (1600-1664) jésuite mathématicien français
- Sa solution au problème grégorien du centre de gravité des courbes paraboliques, *Log.*, not. §911, p.647.

LAMY Franciscus (1636-1711)
- ex Benedictorum familia religiosus, *Luc. com.*, §19, p. 62, - systematis causarum occasionalium defensor, utpote strenuus *Cartesii* sectator, *Psycho. rat.*, not. §612, p. 542.
- Sa critique de l'harmonie préétablie, *Psycho. rat.*, not. §612, p.542.
- Sa défense des causes occasionnelles, *Ibid.*, p.542, *Luc. com.*, §19, p.62.
- A propos de son *Art de parler, Melet.*, sect. 2, n.3, p. 260, 265, 266.

LANGIUS Joachimus (1670-1744) théologien piétiste de Halle collègue de Wolff. Nous rappelons que celui-ci ne le nomme jamais expressément.
- urbi erudito *Rixatoris* nomine notus, *Monit.*, §10, p.15, famosissimum illum rixatorem, *Theo. nat., II,* praefatio, p.17[x].

<u>Controverse avec Wolff, en général</u>

- Ses calomnies, *Log.* praefatio, p.14[x]-15[x], *Theo. nat., I,* not. §156, p.137, *Theo. nat., II,* praefatio, p.19[x], *Horae, I,* p.286-287.
- Il a taxé Wolff d'idéalisme, *Theo. nat., II,* not. §639,

p.633, not. §645, p.640, - et d'athéisme, *Log.*, not. § 784, p.561, not. §1065, p.760, *Theo. nat., II,* not. §380, p.341, not. §393, p.353, *Eth., III,* not. §12, p.14.
- Il l'a accusé de détruire la morale et la religion, *Log.*, not. §1065, p.760, *Psycho. emp.*, not. §78, p.44, *Psycho. rat.*, not. §482, p.397, *Luc. com.*, praefatio, p. 9^{x}, §16, p.52, *Horae, I,* p.230, - et d'être un danger pour l'état et l'Eglise, *Horae, III,* p.282.
- Il a prétendu que toute la philosophie de Wolff est bâtie sur la doctrine des monades, *Eth., V,* praefatio, p.13-14 (non paginées) - et sur le système de l'harmonie préétablie, *Psycho. rat.*, praefatio, p.16^{x}, *Horae, I,* p.27, - aussi bien sa métaphysique, *Monit.*, §18, p.36, - que sa morale et sa politique, *Disc. prael.*, not. § 128, p.62, *Eth., V,* praefatio, p.13 (non paginée).
- Selon lui toute la métaphysique de Wolff est tirée de Spinoza, *Luc. com.*, praefatio, p.9^{x}.
- Sa *Modesta disquisitio* est dirigée contre cette métaphysique, *Monit.*, §10, p.15-16 (Cit. : cet ouvrage, protheor. postul. 12, p.5, prop. 2, p.10).
- Histoire de la commission chargée par Frédéric Guillaume Ier de statuer sur ces accusations, *Theo. nat. II,* praefatio, p.17^{x}-20^{x}.
- Il a mal traduit en latin les textes allemands de Wolff, *Monit.*, §12, p.21-22. - Il a détourné de leur vrai sens les mots employés par celui-ci, *Log.*, praefatio, p.13^{x}, 17^{x}, not. §923, not. §924, p.656, not. §929, p.660, *Monit.*, §10, p.15, §14, p.24. - Il n'a pas interprété ses propositions à l'aide de ses définitions, *Log.*, not. § 990, p.646-647. - Il a mélangé ses assertions sur des sujets différents, *Monit.*, §13, p.22-23.
- Il a fait un mauvais usage des textes de l'Ecriture, *Psycho. rat.*, not. §546, p.468.

Cosmologie

- Il a confondu le *nexus rerum*, qu'il a assimilé à une *concatenatio*, *Log.*, not. §1065, p.760, - avec la nécessité fatale, *Cosmo.*, praefatio, p.12^{x}, *Luc. com.*, §9, p.28,

Melet., sect. 1, n.35, p.146, - et le *fatum stoicum*, *Theo. nat.*, I, not. §1078, p.1043, *Monit.*, §14, p.26 (Cit. : *Modesta disquisitio ...*, p.56), - et a accusé Wolff de défendre la nécessité fatale de toutes choses comme Spinoza, *Log.*, not. §784, p.561, *Luc. com.*, §14, p.42, *Monit.*, §16, p.30 (Cit. : *Modesta disquisitio ...*, p.4-5). - Toute sa controverse tourne autour de cette question, *Monit.*, §16, p.30.
- Il a prétendu que Wolff défend le *nexum omnium rerum circularem*, *Monit.*, §11, p.17 (Cit. : *Modesta disquisitio ...*, p.213).
- Il n'a pas compris : sa définition du monde, *Log.*, not. §904, p.643, - ni sa comparaison de celui-ci avec une machine, *Luc. com.*, §14, p.43 (Cit. : *Caussa Dei ...*, p.23), - ni ce que Wolff a dit de son éternité, *Luc. com.*, §24 (marqué : §23), p.79 (Cit. : *Caussa Dei ...*, p.21), *Monit.*, §11, p.18, §14, p.24, - et de la pluralité des mondes possibles, *Monit.*, §14, p.25.
- Il a soutenu que Wolff a repris à son compte la doctrine des monades, *Monit.*, §13, p.22-23, - que, pour lui ainsi que pour Leibniz, la matière est composée d'esprits comme de parties, *Psycho. rat.*, not. §644, p.589, - et que sa théorie des éléments est idéaliste, *Theo. nat.*, *II*, not. §645, p.640.

Morale

- Il a accusé Wolff de professer l'indifférentisme moral, *Theo. nat.*, *II*, not. §500, p.486, - et n'a pas compris son affirmation qu'il y aurait un droit naturel même si Dieu n'existait pas, *Monit.*, §15, p.28-29.
- Il a prétendu que la définition wolffienne de la justice exclut la justice vindicative de Dieu, *Theo. nat.*, *I*, not. §1081, p.1045.

Ontologie

- Il a confondu la nécessité hypothétique avec la nécessité absolue, *Ont.*, not. §315, p.248, *Cosmo.*, not. §105, p.95, not. §112, p.100, - et soutenu que du principe de

raison suffisante découle la seconde, *Ont.*, not. §321, p.254.
- Il a affirmé que la contingence défendue par Wolff n'est pas la vraie contingence, *Luc. com.*, §14, p.40, 42.

Psychologie

- Il a dénoncé les dangers de la psychologie rationnelle de Wolff, *Psycho. rat.*, not. §6, p.5.
- Il a prétendu que sa doctrine de l'âme est idéaliste, *Theo. nat.*, *II*, not. §639, p.633, not. §645, p.640, *Monit.*, §17, p.32.
- Selon lui, Wolff s'est inspiré de Spinoza à propos de la nature de l'âme, *Luc. com.*, §23 (marqué §22), p.74-75.
- Il n'a pas compris sa théorie des sensations, *Psycho. emp.*, not. §78, p.44, not. §79, p.46, *Monit.*, §11, p.18 (Cit. : *Modesta disquisitio ...*, p.158), *Ibid.*, §14, p.25-26, - et a soutenu que les lois de celles-ci et celles de l'imagination entraînent la nécessité dans l'âme, *Psycho. rat.*, not. §221, not. §222, p.180-181, not. §355, p.284.
- Il a prétendu que Wolff n'a attribué à l'âme que la *facultas sentiendi*, *Psycho. rat.*, not. §453, p.371, *Monit.*, §11, p.20, §17, p.33 (Cit. : *Modesta disquisitio ...*, p.68), - à l'exclusion de l'appétit et de la liberté, *Psycho. rat.*, not. §482, p.397.
- Il a étendu à toutes les opérations de l'âme ce que dit Wolff des sensations et en a conclu que celui-ci la soumet au *fatum stoicum*, *Monit.*, §11, p.18-19 (Cit. : *Modesta disquisitio ...*, praefatio, p.12 (non paginée).
- Il l'a accusé d'assujettir ses actions externes au mécanisme, *Monit.*, §11, p.19 (Cit. : *Medicina mentis ...*, pars VI, c.4, §62, p.636), *Log.*, not. §784, p.561, - d'en faire un *automaton spirituale*, *Monit.*, §13, p.22, - et de détruire la liberté, *Psycho. emp.*, not. §78, p.44, not. § 79, p.46, *Luc. com.*, §16, p.52, *Monit.*, §14, p.25 (Cit. : *Modesta disquisitio ...*, p.167).
- Il a prétendu que Wolff a dérivé l'âme humaine d'une substance simple inférieure, *Psycho. rat.*, not. §712, p. 633.

- Il a tenu l'influx physique pour démontré, *Psycho. rat.*, not. §584, p.484, - par les données de l'expérience, *Ibid.*, not. §580, p.501, *Luc. com.*, §24 (marqué §23), p. 80, - et affirmé que si on le nie disparaissent du même coup la contingence et la liberté, *Melet.*, sect. 1, n.35, p.148.
- Il a critiqué Wolff d'avoir combattu ce système, *Monit.*, §13, p.22-23, §15, p.29, §18, p.35.
- Selon lui, l'harmonie préétablie, tirée de Spinoza, *Melet.*, sect. 1, n.35, p.148, *Luc. com.*, §18, p.60-61, §19, p.61, §20, p.63, 65, §21, p.65, *Monit.*, §11, p.19 (Cit. : *Modesta disquisitio ...*, p.163), - est contraire à la liberté, *Log.*, not. §1040, p.746, *Psycho. rat.*, not. §625, p.559, not. §632, p.571, not. §633, p.573-574, not. §634, p.575, - conduit au *fatum*, *Monit.*, §15, p.30, - rend Dieu auteur du péché, *Psycho. rat.*, not. §630, p.569, - supprime les opérations de la grâce et la religion chrétienne *Ibid.*, not. §641, p.586, not. §632, p.571.

Théologie

- La critique des deux définitions de Dieu données par Wolff:
1) Dieu est la substance qui se représente distinctement et simultanément tous les mondes possibles, *Theo. nat.*, *I*, not. §1093, p.1055; - elle est idéaliste, *Luc. com.*, §23 (marqué : §22), p.75, *Monit.*, §17, p.32, - plus obscure que le défini, *Luc. com.*, §23 (marqué : §22), p.76, - elle ne fait pas mention de la volonté libre de Dieu, ni de son action créatrice, *Ibid.*, p.77, *Theo. nat.*, *II*, not. § 71, p.43.
2) Dieu est la raison suffisante de l'existence du monde, *Theo. nat.*, *II*, not. §380, p.341, not. §382, p.343, *Luc. com.*, §17, p.53-54, - elle ne fait pas non plus mention de la création, *Ibid.*, p.54, *Theo. nat.*, *II*, not. §381, p.342, - elle est inspirée de Spinoza et conduit à l'affirmation de l'éternité du monde, *Luc. com.*, §17, p. 54-55.
- Il a multiplié en vain les arguments en faveur de l'

existence de Dieu, *Theo. nat., I,* not. §10, p.13.
- Il n'a pas compris la preuve wolffienne par la contingence de l'ordre de la nature, *Cosmo.*, praefatio, p.15[x], not. §561, p.437, *Horae, II,* p.660, 666.
- Il a accusé Wolff d'admettre le *progressum in infinitum, Ont.*, not. §324, p.257, - et soutenu que sa position sur la série infinie des causes conduit au Spinozisme et à la négation de l'existence de Dieu, *Luc. com.*, §16, p. 52.
- Il n'a pas compris l'attribution à Dieu de la connaissance historique et philosophique, *Theo. nat., I,* praefatio, p.19[x].
- Il était partisan des idées arbitraires, *Monit.*, §15, p.28, - et a affirmé que la nécessité et l'immutabilité des essences suppriment la liberté de la création, *Luc. com.*, §16, p.52, - et engendrent le *fatum, Monit.*, §15, p. 28 (Cit. : *Modesta disquisitio ...*, p.56).
- Il a prétendu que, selon Wolff, la décision de Dieu de créer le monde le meilleur a influé sur la production du mal, *Monit.*, §14, p.27 (Cit. : *Modesta disquisitio ...*, p.29).
- D'après lui, les prières sont vaines si tous les futurs contingents sont déterminés *ab aeterno* par le décret divin, *Theo. nat., II,* not. §602, p.586. - Il était d'accord avec les Sociniens pour nier cette détermination, *Monit.*, §6, p.11, §15, p.30.
- Sa critique de la théorie wolffienne du miracle de restitution, *Log.*, not. §907, p.645, *Cosmo.*, not. §533, p.417, *Luc. com.*, §9, p.24.

Varia

- La définition cartésienne de l'âme par la seule pensée fournit aux imprudents l'occasion de verser dans l'athéisme, *Luc. com.*, §23 (marqué : §22), p.78.
- Les Cartésiens ne constituent pas la millième partie des érudits, *Luc. com.*, §24 (marqué : §23), p.80 (Cit. : *Causa Dei ...*, p.5).
- Les Idéalistes sont les plus absurdes des Sceptiques,

Psycho. rat., not. §42, p.27, - et des athées, *Theo. nat.*, *II*, not. §635, p.627, *Monit.*, §17, p.32 (Cit. : *Caussa Dei ...*, p.19).
- L'idéalisme supprime toute religion, *Theo. nat.*, *II*, not. §640, p.634.
- La critique de la doctrine de Leibniz, *Monit.*, §11, p.19 (Cit. : *Modesta disquisitio ...*, c.4, p.163), - qu'il tenait pour inspirée des Stoïciens, de Spinoza et des Idéalistes, *Monit.*, §18, p.34; - et que, selon lui, Wolff a rédigée en système, *Ibid.*, p.34.
- Son estime pour Poiret, *Luc. com.*, §23 (marqué : §22), p.77 (Cit. : *Medicina mentis ...*, praefatio).
- Sur les devoirs du bon philosophe, *Monit.*, §16, p.31 (Cit. : *Modesta disquisitio ...*, p.12).
- Citations de la préface du Doyen et des professeurs de la Faculté de théologie de Halle, placée en tête de la *Modesta disquisitio ...*, à propos : de son étude intégrale du système de Leibniz, *Monit.*, §11, p.19 (p.12 non paginée), - de l'inspiration stoïcienne et idéaliste de celui-ci, *Ibid.*, §18, p.34, (p.11 non paginée), - de la rédaction par Wolff de sa philosophie en système, *Ibid.*, p.34 (Ibid.), - de la critique par ce dernier du système de l'influx physique, *Ibid.*, §18, p.35 (p.14 non paginée).

LANIS Franciscus Tertius de (1632-1687) jésuite italien, professeur de littérature, de philosophie et de mathématiques
- Il a donné le nom d'*atomi naturae* aux animalcules, *Ont.*, not. §584, p.449.
- Ses observations sur les vers, *Eth.*, *III*, §25, p.43.
- A propos du mode de propagation de la parole, *Ibid.*, p. 261.
- Sur le mouvement du pendule, *Melet.*, sect. 2, n.3, p.257

LAUNOIUS Joannes de (1603-1678) théologien catholique français
- Son livre sur les variations de la fortune d'Aristote, *Cosmo.*, not. §116, p.103.

LEEUWENHOECK Antonius de (1632-1723)
- observationibus microscopicis et praeclaris in scientiam naturalem meritis clarus, *Log.*, not. §762, p.546, - In praeparandis objectis microscopicis excelluit, *Eth.*, *I*, not. §344, p.543.
- Ses observations microscopiques sont excellentes, *Log.*, not. §684, p.397, *Eth.*, *I*, not. §36, p.47, 48, *Eth.*, *III*, §25, p.43, - mais il en a mal dessiné les objets, *Log.*, not. §762, p.546.

LE GENTIL (LA BARBINAIS LE GENTIL) (saec. XVIII) explorateur français
- A propos des figures hiéroglyphiques, *Psycho. emp.*, not. §158, p.111-112.

LEIBNITIUS Gottfriedus Gulielmus (1646-1716)
- mortalium ingeniosissimus ... aeternum Germaniae decus, quem inter summos Philosophos referendum esse unanimi ore confitentur, *Luc. com.*, §18, p.57. - Vir in omni eruditionis et scientiarum genere summus, *Monit.*, §5, p.8. - incomparabilis *Leibnitius*, vir in omni eruditionis genere summus, *Melet.*, sect. 3, n.8, p.144. - non minus in metaphysicis, quam mathematicis versatus erat, *Eth.*, *I*, not. §48, p.68. - omni eruditionis genere delectabatur ... aetatem omnem consumere volebat, *Eth.*, *I*, not. §332, p. 518. - philosophorum summorum (quos inter *Leibnitium* magno merito referimus), *Horae*, *I*, p.322. - Is cum acumine alios antecelleret et in profundis rimandis non infelix versaretur, nodos illos difficiles solvere conabatur, qui omni aevo vel excelsa ingenia confuderant, de commercio inter mentem et corpus atque primis rerum principiis. Unde enatum ipsi est decantatum hodie systema harmoniae praestabilitae et monadum theoria resuscitata, *Horae*, *I*, p.26-27. - Heroem istum literarium, *Melet.*, sect. 3, n.7, p.132. - Vir perspicacissimus, *Ont.*, not. §75, p.55. - Virum summum, *Ont.*, not. §25, p.14, *Melet.*, sect. 3, n.3, p.127. - Vir illustris, *Ratio*, sect. 2, c. 2, §26, p.129. - Ego magna *Leibnitii* in scientiam merita veneror, non tamen instar idoli colo, *Melet.*, sect. 1, n. 37, p.171.

Controverse avec Clarke

- Au sujet du principe de raison suffisante, *Ratio*, sect. 2, c.3, §63, p.164-165, *Ont.*, not. §75, p.55.
- A propos des indiscernables, *Cosmo.*, not. §246, p.191.
- Sur le temps, *Ont.*, §572, p.443.
- Sur l'espace, *Ont.*, not. §589, p.455, §611 et not., p. 470, 471, - et le lieu, *Ont.*, not. §614, p.473.
- Au sujet de l'harmonie préétablie, *Psycho. rat.*, not. §612, p.542, not. §629, p.567-568.
- Sur le sens du mot *sensorium*, *Ont.*, not. §485, p.371.

Corps, étendue, force, mouvement

- L'étendue n'est pas autre chose que la continuation de la substance résistante ou la diffusion, *Ont.*, §761, p. 570.
- Il a rangé la matière et les forces motrices parmi les phénomènes, *Cosmo.*, not. §299, p.225.
- Un corps parfaitement au repos n'existe pas dans la nature, *Cosmo.*, not. §170, p.140.
- Parce qu'il avait adopté l'hypothèse atomiste, il a reconnu que de la notion d'étendue suit que les corps peuvent être mus par une force, *Horae, II*, p.699.
- Il a défini la force comme le principe des changements, *Ont.*, not. §870, p.646 (Cit. : *Principia philosophiae seu Theses* ...). - Le premier, il a distingué entre la force active et la puissance, *Ont.*, §761, p.569, - entre la force vive et la force morte, *Cosmo.*, not. §357, p.259.
- Sa conception de la force primitive imprimée par Dieu à la matière lors de la création est confuse et ne s'accorde pas avec la doctrine des monades, *Ibid.*, not. §359, p.260. - Il a tenté d'expliquer les formes substantielles par la force primitive, *Ibid.*, not. §299, p.225, not. §360, p.261, not. §361, p.262, *Horae, II*, p.706.
- On lui doit l'appellation de force dérivative, *Cosmo.*, not. §362, p.263. - Il l'a définie : ce qui naît du conflit des corps, *Ibid.*, not. §363, p.263, - et a affirmé qu'elle résulte comme d'une limitation de la force primitive, *Ibid.*, p.263.

- Rôle de la loi de Huygens que se conserve le produit de la masse par le carré des vitesses dans sa propre découverte que se conserve la même quantité de forces vives, *Cosmo.*, not. §475, p.368, not. §476, p.369, *Psycho. rat.*, not. §597, p.519, *Luc. com.*, §24 (marqué : §23), p.78-79, *Melet.*, sect. 1, n.35, p.150.
- Sa controverse avec Papin sur la mesure des forces vives, *Cosmo.*, not. §481, p.373.
- Dans le *Specimen Dynamicum*, il n'a pas fait mention de Newton, comme il l'aurait dû, à propos des forces, *Eth.*, *I*, not. §48, p.68.
- Ce qui est réel dans le mouvement, *Cosmo.*, not. §170, p.140 (Cit. : *Specimen Dynamicum*). - Ses lois ne sont pas nécessaires, elles dépendent de la sagesse divine, *Luc. com.*, §9, p.26, *Melet.*, sect. 1, n.35, p.147.
- Il a appelé quantité d'impulsion la quantité de mouvement, *Cosmo.*, not. §398, p.291.
- Le mouvement conspirant cause de la cohésion, *Cosmo.*, not. §292, p.221.

Dieu

- Il a approuvé saint Thomas d'avoir affirmé, pensait-il, qu'on ne peut démontrer son existence à partir de la notion de l'être très parfait qu'à condition d'avoir prouvé que cet être est possible, *Log.*, not. §842, p. 606, *Theo. nat.*, *II*, not. §13, p.11, *Luc. com.*, §5, p. 12, - et a reproché à Descartes de ne pas l'avoir fait, *Ratio*, sect. 2, c.3, §44, p.158.
- Dieu a choisi le meilleur des mondes, *Disc. prael.*, not. §158, p.86, *Monit.*, §14, p.27, - dans lequel l'imperfection des parties ne supprime pas la perfection du tout, *Cosmo.*, not. §548, p.429.
- Il a prétendu que Sturm a confondu Dieu avec la nature, *Psycho. rat.*, not. §605, p.531. - Et l'on pense qu'il a approuvé l'opinion de ceux qui ont prétendu que Spinoza a été conduit à la même confusion par le système des causes occasionnelles, *Ibid.*, not. §605, p.531.

Lettres à Rémond de Montmort

- A propos : du temps, *Ont.*, not. §572, p.443, - de l'espace, *Ont.*, not. §589, p.455, - de l'*ars characteristica combinatoria*, *Psycho. emp.*, not. §297, p.211, not. §301, p.216, not. §307, p.222, not. §309, p.224, - des rapports de la philosophie de Wolff avec la sienne, *Melet.*, sect. 1, n.37, p.171, *Eth.*, *V*, praefatio, p.12 (non paginée), - de l'*Essai sur l'entendement humain* de Locke, *Eth.*, *I*, not. §48, p.68.

Logique et psychologie de la connaissance

- Pour la distinction entre les notions, *Melet.*, sect. 3, n.8, p.143 , - il s'est inspiré de Valerianus Magnus, *Ratio*, sect. 2, c.2, §30, p.131, §133, p.132, - et aussi de Descartes, *Log.*, not. §77, p.155, *Psycho. emp.*, not. §76, p.42. - Le premier, il a exposé la distinction entre notion distincte et notion confuse, *Ont.*, not. §485, p.371 (Cit. : *Meditationes de Cognitione* ...). - Il n'a pas distingué entre notion distincte complète et notion distincte incomplète, *Log.*, §92 et not., p.160, *Ratio*, sect. 2, c.2, §30, p.131.
- Il a démontré contre les Cartésiens que nous pouvons croire avoir une notion, alors que nous n'en avons pas, *Log.*, not. §135, p.178.
- *Aperceptio* chez lui = *Conscientia* chez Descartes, *Psycho. emp.*, not. §25, p.17.
- Sur la différence entre les définitions nominales et les définitions réelles, *Log.*, not. §191, p.212, not. §193, p.213.
- Sa définition de la raison, *Psycho. emp.*, not. §483, p. 372.
- Il ne faut rien admettre comme certain qui ne soit prouvé par une expérience indubitable ou une démonstration valable, *Log.*, not. §545, p.410 (Cit. : *Meditationes de Cognitione* ...).
- Il n'a pas nié que le syllogisme soit un moyen de découvrir la vérité, *Ratio*, sect. 2, c.2, §9, p.121, §26, p.129.

LEIBNITIUS

- Avant lui, Steianus a exposé l'usage des quatre figures du syllogisme et de chacun de leurs modes, *Melet.*, sect. 1, n.37, p.168. - Il a noté qu'Euclide, dont il a adopté la méthode, *Ont.*, not. §51, p.34, - s'en était déjà servi dans ses démonstrations, *Melet.*, sect. 1, n.37, p.168, 169, 170, 172.
- Il a approuvé l'usage par les Scolastiques des propositions identiques dans leurs démonstrations, *Log.*, not. § 364, p.302, *Melet.*, sect. 3, n.3, p.20.
- Il était partisan de rédiger l'*ars inveniendi* en système, *Melet.*, sect. 3, n.7, p.132.
- Son projet d'une logique des probables, *Log.*, not. §595, p.443, *Ont.*, praefatio, p.13[x].

Mathématiques

- Son intérêt pour la *geometria sublimior* à son retour de France, *Psycho. emp.*, not. §217, p.152.
- Sur le calcul différentiel, *Disc. prael.*, not. §158, p. 86-87, *Log.*, not. §328, p.288. - Keill l'a appelé le second inventeur de ce calcul, *Eth.*, *I*, not. §360, p.573-574, - qu'il n'aurait pas découvert si Euclide n'avait pas élaboré sa géométrie élémentaire, *Eth.*, *V*, praefatio, p.9 (non paginée). - Sur les quantités infiniment petites, *Ont.*, not. §810, p.607. - Comparaison de sa conception avec celle de Newton, *Horae*, *I*, p.179[x]-180[x].
- Avant Jean Bernouilli il a découvert la nouvelle sorte de calcul qui permet de connaître mathématiquement la nature, *Melet.*, sect. 3, n.8, p.144.
- Son projet de l'*analysis situs*, *Log.*, not. §928, p.659, *Psycho. emp.*, not. §299, p.213.
- Sur l'*ars characteristica*, *Ont.*, not. §810, p.607, - et l'*ars characteristica combinatoria*, ses lettres à Oldenburg à ce sujet, *Psycho. emp.*, not. §297, p.210, not. § 301, p.216 (Cit. : *Lettre à Oldenburg*, 28 Novembre 1675).
- Son hommage indirect à Méré à propos de la *Speciosa generalis*, *Psycho. emp.*, not. §297, p.211.

- Son arithmétique dyadique, *Ont.*, not. §347, p.273.
- Obscurité de sa notion de congruence, *Ont.*, not. § 201, p.166.
- Il a désapprouvé les critiques adressées par Ramus à la géométrie d'Euclide, *Horae, II*, p.93.

Monades

- Il a défini le simple : ce qui manque de parties, *Ont.*, §684, p.516 (Cit. : *Principia philosophiae seu Theses ...*)
- Sans êtres simples il n'y en a pas de composés, *Ont.*, not. §686, p.518.
- Il a appelé monades les principes des choses matérielles *Cosmo.*, not. §182, p.146, *Psycho. rat.*, not. §644, p.589, not. §712, p.633, *Theo. nat., II*, not. §70, p.42. - Il leur a attribué les perceptions et l'appétit, mais pas l' aperception, *Psycho. rat.*, not. §644, p.589. - Elles n' ont qu'une force représentative limitée, *Disc. prael.*, not. §160, p.89, - obscure, excluant l'aperception, *Theo. nat., II*, not. §70, p.42. - Elles sont dans l'état de perceptions confuses, *Psycho. rat.*, not. §712, p.633.
- Il leur a attribué les perceptions et les percepturition mais n'en a pas tiré un système, *Eth., V*, praefatio, p.13 (non paginée).
- Les passions des éléments sont seulement apparentes, *Cosmo.*, not. §294, p.223.

Monde

- Il l'a défini : la série des choses coexistantes et successives, *Disc. prael.*, not. §158, p.86, *Melet.*, sect. 1, n.34, p.140, - la série des choses qui remplissent l'espac et le temps, *Log.*, not. §120, p.171.
- Sur la pluralité des mondes possibles, *Monit.*, §5, p.9, *Melet.*, sect. 1, n.34, p.140.
- L'état de chaque élément implique une relation au monde entier, *Cosmo.*, not. §213, p.163.

Philosophie première

- Il a dénoncé les défauts de l'ontologie des Scolastiques

Ont., not. §7, p.4.
- Il a appelé l'ontologie : *scientia princeps, Ont.*, not. §7, p.5, not. §25, p.13.
- Il a reconnu que la philosophie première a besoin de plus de lumière et de certitude que les mathématiques, mais n'a pas enseigné comment y parvenir, *Ont.*, not. § 51, p.34. - Il ne l'a pas considérée comme un lexique philosophique, *Ont.*, not. §25, p.14.
- Il a nié que de la simple addition des riens on puisse obtenir quelque chose, mais a cependant admis que : 1-1+1-1+1-1 à l'infini = 1/2, *Ont.*, not. §61, p.42.
- Les possibles contingents peuvent être envisagés de deux façons: comme séparés ou liés entre eux, *Monit.*, § 5, p.9 (Cit. : *Causa Dei*, §15).
- Tous les possibles ne peuvent exister en même temps, *Monit.*, §14, p.27.
- Son désir de rendre distincte la notion scolastique de substance, *Ont.*, not. §771, p.578-579. - La substance diffère de l'accident par la force active, *Ibid.*, not. § 794, p.596.
- Sur l'harmonie universelle de toutes les substances simples, *Psycho. rat.*, not. §627, p.562.
- Il a défini les semblables comme ce qui ne peut être distingué que par la compresence, mais n'a pas expliqué ce dernier terme, *Ont.*, not. §201, p.165 (Cit. : *Meditatio de similitudine figurarum* ...).
- Ses définitions : de l'un, *Ont.*, not. §330, p.261, - du temps, *Ont.*, not. §572, p.443, - de l'espace, *Log.*, not. §937, p.665, *Ont.*, not. §589, p.455, - du lieu, *Ont.*, not. §614, p.473.
- L'infini continu discret n'est qu'une façon de parler, *Ont.*, not. §805, p.603 (Cit. : *Observatio quod rationes ... non habeant locum* ...).

Principe de raison suffisante

- Personne avant lui n'a fait attention à ce principe, *Luc., com.*, §3, p.4. - Il a été le premier à s'en servir pour rectifier les notions et démontrer les propositions, mais il n'a pas précisé la différence entre raison et

cause, *Ont.*, §71 et not., p.50-51.
- Il ne l'a pas prouvé, parce qu'il le tenait pour une notion commune, *Eth.*, *III*, not. §19, p.27, - et s'est contenté de faire appel à l'impossibilité de trouver un cas qui lui soit contraire, *Ont.*, §75, p.55, not. §76, p.58. - En affirmant qu'il est nécessaire pour démontrer l'existence de Dieu et sa prescience, il a seulement montré son utilité, *Ont.*, not. §75, p.55, *Eth.*, *III*, not. § 18, p.26.
- En faisant attention à la différence entre l'explication des phénomènes naturels par les Scolastiques et par Descartes, il a découvert que la notion de raison suffisante est plus ample que celle de cause, *Ont.*, not. §321, p.253.
- Il a appelé déterminante la raison suffisante, *Ont.*, § 117, p.95.
- Répugnance des indiscernables avec le principe de raison suffisante, bien qu'ils ne soient pas absolument impossibles, *Cosmo.*, not. §246, p.191, not. §248, p.192.

Rapports de l'âme avec le corps

- Ce sont deux substances distinctes, la série des perceptions et celle des mouvements sont seulement *simul tempore*, *Luc. com.*, §20, p.64, *Melet.*, sect. 1, n.35, p.148.
- L'âme et le corps agissent comme s'ils influaient l'un sur l'autre, *Disc. prael.*, not. §164, p.93.
- Il a parlé d'union physique de l'âme et du corps, *Psycho. rat.*, not. §724, p.649.
- Critique de l'influx physique, *Melet.*, sect. 1, n.35, p.150.
- Il a reproché à Descartes de ne pas avoir démontré qu'il faut recourir à Dieu pour expliquer l'harmonie du corps et de l'âme, *Psycho. rat.*, not. §622, p.556, - et d'introduire par ce recours de perpétuels miracles, *Ibid.*, not. §603, p.528, not. §604, p.530, not. §623, p.556, *Ratio*, sect. 2, c.2, §12, p.145, *Luc. com.*, §19, p.62. - Il a aussi dénoncé la perturbation des lois de la nature que provoque le système des causes occasionnelles, *Luc. com.*, §19, p.62, §24 (marqué : §23), p.78, 80. - Il a prétendu que si Descartes avait connu la loi découverte par Huygens

sur la conservation de la même direction du mouvement, il en serait venu au système de l'harmonie préétablie, *Psycho. rat.*, not. §607, p.535.
- L'explication des rapports de l'âme et du corps, *Psycho. rat.*, not. §485, p.401, - par l'harmonie préétablie, *Ibid.*, §553, p.474. - Il n'a pu la prouver, c'est une hypothèse, *Horae, I,* p.179, - mais qui permet une meilleure connaissance de l'âme, *Ibid.*, p.193.
- L'harmonie préétablie ne doit pas être confondue avec l'harmonie de l'âme et du corps, *Psycho. rat.*, praefatio, p.13x. - Le préétablissement de l'harmonie est l'effet du miracle primigène accompli lors de la création, *Ibid.*, not. §629, p.568.
- Ses réponses aux objections de Foucher, Bayle, François Lamy contre ce système, *Psycho. rat.*, not. §612, p.542.
- Voir : Systema harmoniae praestabilitae.

Rapports de Wolff avec Leibniz

- C'est sa thèse de doctorat, envoyée par Menckenius à Leibniz, qui a valu à Wolff la faveur et l'amitié de celui-ci, *Disc. prael.*, not. §70, p.32-33, *Eth.*, *V*, praefatio, p.12 (non paginée).
- Leibniz a approuvé la résolution par Wolff des notions mathématiques, mais n'a pas saisi en quoi elle pourrait servir à promouvoir l'évidence des notions philosophiques, *Eth.*, *I*, not. §277, p.424, not. §300, p.469.
- C'est sous son influence que Wolff a abandonné la doctrine des essences arbitraires et le système des causes occasionnelles, *Ratio*, sect. 2, c.2, §8-11, p.143-145, *Melet.*, sect. 1, n.34, p.139.
- Dans ses lettres à Wolff, il ne lui a rien révélé de ses idées philosophiques, comme il l'a écrit à Rémond de Montmort, *Eth.*, *V*, praefatio, p.12 (non paginée).
- Leibniz a recommandé à Wolff de lire l'article *Rorarius*, *Ratio*, sect. 2, c.3, §8, p.143.
- Wolff a précisé ce que Leibniz a dit des différences entre les notions, *Ratio*, sect. 2, c.2, §27, p.130, - et d'une façon générale, il s'est efforcé d'éclairer ce qui était obscur chez Leibniz, *Ont.*, not. §760, p.566-567.

LEIBNITIUS

- Wolff s'est inspiré de lui à propos du nécessaire et du contingent, ainsi que des rapports de l'âme et du corps, *Luc. com.*, praefatio, p.8[x].
- Il a pris le mot monde dans le même sens que lui, *Monit.*, §5, p.9, *Melet.*, sect. 1, n.35, p.146.
- Il n'a utilisé les principes de Leibniz que lorsqu'il les tenait pour vrais, *Eth.*, *V*, praefatio, p.12 (non paginée). - Paucissima *Leibnitii* dans sa métaphysique, *Monit.*, §18, p.34. - Il n'a pas cherché à rédiger celle de Leibniz en système, *Monit.*, §18, p.34, *Melet.*, sect. 1, n.37, p.171, *Ont.*, not. §760, p.567.
- Si Wolff a préféré le système de l'harmonie préétablie aux deux autres, il l'a considéré comme une hypothèse, *Disc. prael.*, not. §128, p.62, *Psycho. rat.*, praefatio, p.13[x], *Horae*, *I*, p.27, 215, *Monit.*, §18, p.36, - et n'a pas construit toute sa philosophie sur lui, *Eth.*, *V*, praefatio, p.14 (non paginée).
- Il n'a pas adopté la doctrine des monades, *Ont.*, not. §684, p.517, *Cosmo.*, praefatio, p.14[x], not. §243, p.186, *Monit.*, §13, p.22, *Horae*, *I*, p.27, 215, - et n'a pas fondé non plus toute sa philosophie sur elle, *Eth.*, *V*, praefatio, p.13-14 (non paginées).
- Référence de Wolff à Leibniz à propos du miracle de restitution, *Luc. com.*, §9, p.24.
- Son Eloge de Leibniz, *Melet.*, sect. 1, n.32, p.116-133.

Varia

- Inventeur du calcul différentiel et auteur de la *Théodicée*, *Log.*, not. §350, p.296, not. §352, p.297, not. § 355, p.298.
- Il lisait beaucoup pour exceller en tout genre d'érudition, *Eth.*, *I*, not. §364, p.581.
- Ses essais de conciliation entre les Protestants, *Luc. com.*, praefatio, p.9[x].
- Il a formé le projet d'une nouvelle science dynamique, mais ne l'a pas réalisé, *Ont.*, not. §742, p.552.
- Son jugement sur les expérimentateurs, *Eth.*, *I*, not. § 350, p.555.

- Son récit de l'invention du phosphore, *Log.*, not. §736, p.534.
- La principale cause du succès dans les mathématiques tient au fait que leur objet porte avec lui sa preuve et sa confirmation; ce qui n'est pas le cas en métaphysique, *Horae, I*, p.136.
- Son apport à la connaissance mathématique de la nature, *Melet.*, sect. 3, n.8, p.144.
- A propos de l'âme considérée comme un *automaton spirituale*, *Monit.*, §13, p.22.
- Sur la sagesse comme science de la félicité, *Eth.*, *I*, not. §454, p.714.
- Il a estimé que Socrate et Platon n'ont pas suffisamment prouvé l'immortalité de l'âme, *Melet.*, sect. 3, n.5, p.127.
- Il a noté que selon saint Augustin la volonté libre de l'homme est contenue dans l'ordre des causes, *Monit.*, § 6, p.11, *Melet.*, sect. 1, n.35, p.146-147.
- Il avait lu les Scolastiques, *Luc. com.*, praefatio, p. 8[x].
- Il ne s'est pas trompé en affirmant que l'*Essai sur l'entendement humain* de Locke imite une espèce de métaphysique superficielle, *Eth.*, *I*, not. §48, p.68.
- En accord avec ce dernier, il a admis que la théorie des actions humaines peut être soumise aux lois de la démonstration, *Horae, III*, p.697.
- Il a professé la bonté et la malice intrinsèques de ces actions, admises jusqu'à Puffendorf, *Eth.*, *V*, praefatio, p.12 (non paginée).
- Les démonstrations incomplètes de Newton dans les *Principia mathematica* lui ont paru difficiles, *Log.*, not. § 857, p.616.
- Ses ébauches philosophiques dans les journaux savants ont paru énigmatiques à certains, complètement chimériques à d'autres, *Log.*, not. §845, p.607-608. - Il y a donné des démonstrations incomplètes, *Log.*, not. §857, p.616-617.
- Hermann, Locke et Molyneux ont trouvé obscur son *Specimen Dynamicum*, *Ont.*, not. §760, p.567, *Eth.*, *I*, not. §

48, p.68.
- Fontenelle ne s'est pas trompé en affirmant qu'il était un théologien au sens fort du terme, *Luc. com.*, praefatio, p.8[x].
- Le jugement de Gravesande sur lui, *Ibid.*, §18, p.57.
- Critique par Lange de sa doctrine, *Monit.*, §11, p.19, - qu'il prétendait inspirée des Stoïciens, de Spinoza et des Idéalistes, *Ibid.*, §18, p.34, - en soutenant que Wolff l'a rédigée en système, *Ibid.*, p.34.

LEMERY Ludovicus (1677-1743) médecin français
- Son traité sur les aliments, *Horae, III*, p.87.

LENTULUS CYRIACUS (?-1678)
- Professor Herbornensis, homo Literator, sed philosophiae ignarus, fastu ventuoso et ingenio turbulento praeditus, *Ont.*, not. §7, p.4-5.
- A propos des efforts de Clauberg pour le développement de la philosophie cartésienne, *Ibid.*, p.4-5.

LEUCIPPUS (circa 328 a.C.)
- Il a confondu la notion imaginaire avec la notion réelle de l'espace, *Ont.*, §611, p.468.

LINUS Franciscus (1595-?) jésuite mathématicien et physici anglais
- Sur son *funiculus attractivus*, *Psycho. rat.*, not. §583, p.504.
- Newton a défendu contre lui sa nouvelle théorie de la lumière, *Log.*, not. §1064, p.759.

LIPSIUS Justus (1517-1606)
- Sa conception de la pitié comme *affectus parcens*, *Psycho emp.*, not. §699, p.529.

LOCKIUS Joannes (1634-1704)
- fuerit attentio [*Lockii*] ad res metaphysicas perspiciendas minime sufficiens, *Eth.*, *I*, not. §48, p.67.
- Il n'a pas eu d'autre but dans son *Essai sur l'entende-*

ment humain que d'enseigner comment il faut se servir des facultés de l'âme dans la recherche de la vérité, *Melet.*, sect. 3, n.7, p.131.
- Il a tenu les qualités sensibles pour simples et primitives, *Eth., I,* not. §125, p.199, *Horae, II,* p.712.
- Il a considéré comme réelles les idées imaginaires, *Eth., I,* not. §125, p.199, *Eth., III,* not. §89, p.177, - qu'il a dérivées de la *tabula rasa* d'Aristote, sur laquelle il a construit tout son *Essai, Eth., III,* not. §86, p.167.
- Il a converti les notions ontologiques en notions imaginaires, *Eth., III,* not. §89, p.177.
- Il a adopté la notion cartésienne de perception claire et distincte, et dérivé la distinction de la clarté, en cherchant la cause de la confusion dans l'emploi des mots que requiert la connaissance symbolique, *Ont.*, not. §103, p.85.
- Il a rejeté tout usage du syllogisme dans la démonstration, dont il n'a jamais effectué une analyse authentique, *Psycho. emp.*, not. §400, p.308.
- Il a prétendu que rien ne s'oppose à ce qu'une substance matérielle soit dotée de la faculté de connaître et de l'appétit, *Log.*, not. §892, p.636, - et que, de ce fait, nous ne pouvons pas être certains de l'immortalité de l'âme, *Theo. nat., II,* not. §616, p.604. - Ce faisant il a introduit le matérialisme sceptique, *Ibid.*, p.604, *Eth., III,* not. §86, p.166.
- Sa conception de l'espace et de la solidité des corps, *Ont.*, §611, p.468, 469.
- Sa notion de la substance, *Ont.*, not. §773, p.583.
- Il a adopté la position de Spinoza sur le miracle, *Cosmo.*, not. §514, p.399 (Cit. : *A Discours of Miracles*), *Ibid.*, not. §515, p.400.
- Dans ses Lettres à Molyneux, il a affirmé que la philosophie morale se prête à la démonstration aussi bien que la géométrie, *Horae, III,* p.697.
- Il a tenu pour obscur le *Specimen Dynamicum* de Leibniz, *Ont.*, §760, p.567, *Eth., I,* not. §48, p.68.
- D'après ce dernier l'*Essai* imite une espèce de métaphysique superficielle, *Eth., I,* not. §48, p.48.

LOUVILLE (d'ALLONVILLE) Jacobus Eugenius (1671-1732)
- A propos des observations astronomiques des Egyptiens, *Eth., III,* not. §58, p.118.

LOWTHORP Joannes (?-1724) membre de la société royale des sciences de Londres
- A propos de la nouvelle théorie de la lumière défendue par Newton, *Log.,* not. §1064, p.760.

LUCRETIUS (circa 98-53)
- Ses atomes sont *a se, Theo. nat., I,* not. §760, p.749, *Theo. nat., II,* not. §381, p.342.
- Le monde est le produit de leur combinaison, laquelle résulte de leur mouvement, *Ibid.,* p.342, - de façon fortuite, *Eth., III,* not. §86, p.166, 168, *Luc. com.,* §9, p. 28.
- Il s'est représenté le chaos comme éternel et *a se, Theo. nat., II,* not. §401, p.359.
- Son inclination vers l'athéisme, *Theo. nat., I,* §760, p. 749.
- L'âme n'est pas immatérielle, *Eth., III,* not. §86, p. 166.

LUDOLPUS Coloniensis (a CEULEN vel COLLEN) (?-1650)
- Son estimation de la série des nombres dans le calcul de la circonférence du cercle, *Ont.,* not. §819, p.613.
- Sa démonstration du rapport du diamètre à la circonférence du cercle, *Log.,* not. §896, p.638.
- Son approximation de la quadrature du cercle, *Log.,* not. §1034, p.741.

LULLUS Raymundus (1235-1315)
- Citation du passage du *Discours de la méthode,* IIème partie à propos de son *Ars brevis, Psycho. emp.,* not. § 400, p.307.

LUTHERUS Martinus (1483-1546)
- Sur sa traduction de la Bible en général, *Horae, III,* p.491.

- Il a traduit dix mots hébreux et presque trente mots grecs par le seul mot allemand: "Vernunft", *Psycho. emp.*, not. §500, p.380-381, - et plusieurs autres termes par le seul mot: "Wille", *Theo. nat., I,* §131, p.106.
- Sur sa traduction:
des termes : *incorruptibilis, Theo. nat., I,* §95 et not., p.71-73, - *Deus vivus, Ibid.,* §112, p.90, - *imperscrutabilis, Ibid.,* not. §419, p.395, de l'expression : *neminem novisse mentem Domini, Ibid.,* §130, p.104-105,
de : *Rom.,* I,20, *Luc. com.,* §3, p.5.
- Il a dirigé son *De servo arbitrio* contre Erasme, *Luc. com.,* §18, p.57.

LYCO (saec. II a.C.) orateur grec
- Ses accusations contre Socrate, *Horae, II,* p.375.

MAC LAURIN Colinus (1698-1746) professeur de mathématiques écossais
- Ses descriptions universelles des courbes, *Ont.*, not. § 262, p.216.

MACROBIUS Ambrosius Aurelius Theodosius (saec. IV)
- Sur la façon de s'exprimer avec les doigts, *Melet.*, sect. 2, n.3, p.256.

MANDIROLA Augustinus (saec. XVII)
- Ordinis Minimorum *S. Francisci*, *Disc. prael.*, not. §41, p.20.
- Sa façon de faire pousser les arbres, *Ibid.*, p.20.

MALEBRANCHIUS Nicolaus (1638-1715)
- celeberrimus ille Congregationis Oratoriae Presbyter, *Monit.*, §15, p.29, *Luc. com.*, §19, p.62, §23 (marqué : §22), p.75.
- On le considère comme pas très éloigné de l'Idéalisme, *Luc. com.*, §23 (marqué : §22), p.75.
- L'existence des corps ne peut être démontrée, *Psycho. rat.*, not. §38, p.26. - Elle ne peut être admise que grâce à la révélation, *Theo. nat.*, *II*, not. §645, p.641.
- Son explication de l'association des idées, *Melet.*, sect. 2, n.3, p.262.
- Il a adopté la doctrine cartésienne que nos pensées nous enseignent qu'il y a en nous quelque chose d'autre que le corps, *Log.*, not. §892, p.636.
- Sur la vision en Dieu, *Theo. nat.*, II, not. §104, p.82.
- Il a refusé aux créatures toute puissance propre d'agir, *Ont.*, §761, p.569.
- Il pensait qu'il n'est pas nécessaire que la même quantité de mouvement se conserve dans l'univers et, pour expliquer l'action de l'âme sur le corps, il a prétendu que le mouvement des esprits animaux est produit par Dieu, *Psycho. rat.*, not. §597, p.519.
- Il a perfectionné le système des causes occasionnelles, *Ibid.*, not. §589, p.513, *Luc. com.*, §19, p.62, *Monit.*, § 15, p.29.

- Voir : Systema causarum occasionalium.
- Il était d'avis qu'il faut rédiger l'*ars inveniendi* en système et c'est ce qu'il a fait dans la *Recherche de la vérité, Melet.*, sect. 3, n.7, p.131-132. - Les règles qu'il y a exposées peuvent être abstraites de l'algorithme vulgaire, *Eth., I,* not. §334, p.525.
- Il a cherché la cause de la cohésion des corps dans le poids de l'air, *Cosmo.*, not. §285, p.216.

MALLETUS MANESSON Alanus (1630-1706) ingénieur français
- A propos de sa géométrie pratique, *Log.*, not. §751, p.540.

MALPIGHIUS Marcellus (1628-1694)
- A propos de son *Anatome plantarum, Log.*, not. §686, p.498.
- Sa description de la formation du poulet dans l'oeuf, *Ont.*, not. §543, p.425.

MANES (MANI vel Manichaeus Cubricus) (215-276/277)
- Sa conception des deux principes, *Theo. nat., II,* not. §660, p.656.
- La matière est un être *a se*, coéternel à Dieu, principe de tout mal, *Ibid.*, not. §662, p.659.
- Faustus a affirmé à tort qu'il a cherché le principe du mal dans un Dieu mauvais, *Theo. nat., II,* not. §662, p.660, not. §670, p.671.
- Ses erreurs dans l'interprétation de la religion chrétienne, *Ibid.*, not. §661, p.657.

MANFREDIUS Eustachius (1674-1739) mathématicien italien
- Ses observations sur les changements annuels des étoiles fixes, *Cosmo.*, §82, p.76.

MANTIUS (MANTZ) Casparus (1606-1677) juriste allemand
- Son commentaire des *Institutiones, Eth., I,* not. §115, p.182.

MANUTIUS Paulus (1512-1574) érudit italien
- Sur la définition de la jalousie d'après Cicéron, *Psycho. emp.*, §715 et not., p.541.

MARALDUS Jacobus Philippus (1628-1694) astronome italien
- Ses observations à propos des tâches variables sur les satellites de Jupiter, *Log.*, not. §1063, p.759.

MARIOTTUS Edmundus (1620?-1684)
- Il était d'avis que l'*ars inveniendi* soit rédigé en système, *Melet.*, sect. 3, n.7, p.131.
- Sa conception des axiomes et des postulats, *Log.*, not. §269, p.259.
- Ses lois du mouvement, *Cosmo.*, not. §302, p.228, not. § 381, p.276.
- Sa preuve à l'aide du pendule des vraies lois du mouvement découvertes par Huygens et Wrenn, *Luc. com.*, §24 (marqué : §23), p.78.
- L'autorité de ses expériences, *Log.*, not. §807, p.582, *Horae, II*, p.164. - Celles sur l'origine des sources à partir des eaux de pluie, *Log.*, not. §1069, p.763.

MARTINAEUS Joannes (saec. XVII)
- Editeur des oeuvres de saint Jérôme, *Psycho. rat.*, not. §699, p.622.

MARTINIUS (MARTINI, MARTINSOHN) Martinus (?-1661) jésuite de Trente
- Ce qu'il a rapporté sur les observations astronomiques des Chinois, *Eth.*, *III*, not. §58, p.118.

MARTINIUS Mathias (1572-1630) théologien réformé et philologue allemand
- eximius Philologus, *Theo. nat.*, *I*, §413, p.386.
- Ses définitions : de l'ordre, *Ont.*, §488, p.372 (Cit. : *Lexicon philologicum ...*, t.II, p.136), *Ibid.*, p.373, - de l'envie, *Psycho. emp.*, §715, p.540 (Cit. : *Lexicon ...*, t.I, p.57), - du repentir, *Ibid.*, §760, p.573 (Cit. : *Lexicon ...*, t.II, p.286), *Ibid.*, not. §783, p.578, - de la

gloire, *Ibid.*, §770, p.583-584, - de la reconnaissance, *Ibid.*, §790, p.601 (Cit. : *Lexicon*, t.I, p.533), - de la faveur, *Ibid.*, §794, p.604-605, (Cit. : *Lexicon* ..., t.I, p.415), - de l'espoir, *Ibid.*, §803, p.612 (Cit. : *Lexicon* ..., t.I, p.671), - de la crainte, *Ibid.*, §826, p.627 (Cit. : *Lexicon* ..., t.I, p.323), *Ibid.*, p.628 (Cit. : *Lexicon* ..., t.II, p.754), - du désespoir, *Ibid.*, not. § 826, p.629, - du regret, *Ibid.*, §854, p.646 (Cit. : *Lexicon* ..., t.I, p.302), - du miracle, *Psycho. rat.*, not. § 71, p.49 (Cit. : *Lexicon* ..., t.I, p.334).
- Son explication du mot *Deus*, *Ont.*, not. §960, p.692.
- Sa traduction du *Psaume 115*,3, *Theo. nat.*, *I*, §413, p. 386.
- Sur l'apport de la philosophie à la théologie, *Eth.*, *I*, not. §106, p.164.

MARTINUS Becanus (1563-1624) jésuite belge
- Sur la science naturelle de Dieu, *Luc. com.*, §12, p.33 (Cit. : *Summa theologiae scholasticae* ..., n.10, qu.1, n. 2, p.148).
- Ce n'est pas absolument, mais sous condition que Dieu connaît ce que l'homme et l'ange peuvent faire librement en fonction des circonstances, *Monit.*, §4, p.8 (Cit. : *Summa Theologiae* ...., tract. 1, c.10, qu.1, p.148).

MATHER Cotton (1663-1728) théologien américain
- Ses efforts pour promouvoir la piété, à partir de la théorie du double mouvement de la terre, *Horae*, *II*, p. 378.

MAUROLYCUS Franciscus (1494-1575) mathématicien sicilien
- Mersenne a recueilli ses définitions et ses propositions sans leurs démonstrations, *Log.*, not. §863, p.621.

MAURUS SYLVESTER (1619-1687)
- e Societate Jesu, *Theo. nat.*, *I*, praefatio, p.23^x.
- Il a défendu la doctrine du meilleur des mondes, *Ibid.*, p.23^x, not. §406, p.377.

MELANCHTONUS Philippus (1497-1560)
- Theologus doctus, moderatus et pius, *Eth., I,* not. § 104, p.157, - doctrinae solidae amantissimus, *Ibid.,* not. §271, p.410.
- Sur la nécessité de donner aux jeunes un enseignement solide, *Log.,* praefatio, p.15[x] (Cit. : préface aux *Elementa geometriae* de Vogelinus), *Horae, I,* p.299, 304, - grâce à l'étude des mathématiques, *Eth., I,* §104, p.157, *Horae, III,* p.59 (Cit. : même préface), - et à l'emploi de la méthode démonstrative, *Eth., I,* not. §9, p.9, *Melet.,* sect. 3, n.14, p.178, - pour que cessent dans l'Eglise les discussions et les combats, *Horae, II,* p.432.
- A propos de ceux qui ne sont pas attentifs à la dignité de la science, *Eth., I,* not. §416, p.663.
- Sa définition du nom propre et du nom commun, *Ont.,* § 245, p.196 (Cit. : *Grammatica latina* ..., lib.2, c.2).

MELITUS (saec. V a.C.) rhéteur grec
- Ses accusations contre Socrate, *Horae, II,* p.373, 375, 396, 401, 403, 404, 419, 424.
- Ses démarches près d'Aristophane pour qu'il ridiculise Socrate dans une de ses pièces, *Horae, II,* p.373, 403, 404.

MENCKENIUS Jacobus Burchardus (1675-1732) professeur d'histoire allemand
- Vir ... celeberrimus, *Ratio,* sect. 2, c.2, §9, p.121.
- C'est par son intermédiaire que Wolff a fait parvenir à Leibniz sa thèse de doctorat, *Disc. prael.,* not. §70, p.32, - et sur son conseil qu'il lui a envoyé sa *Dissertatio algebraica de algorithmo infinitesimali differentiali, Ratio,* sect. 2, c.2, §9, p.121.

MENECHMUS (circa 350 a.C.)
- Sa solution au problème de la duplication du cube, *Log.,* not. §785, p.563, 564.

MENELAS (saec. I)
- A propos de ses écrits, *Log.,* not. §911, p.647.

- Il n'y a eu aucun dissentiment sur ses théorèmes, *Log.*, not. §990, p.711.
- Mersenne a rassemblé ses définitions et ses propositions sans leurs démonstrations, *Log.*, not. §863, p.621.

MERAEUS Antonius GOMBAULT de MÉRÉ (1610-1684)
- L'hommage indirect que lui a rendu Leibniz à propos de la *Speciosa generalis*, *Psycho. emp.*, not. §297, p. 211.

MERSENNUS Marinus (1588-1668)
- Philosophus et theologus merito suo celebris ... Vir doctrinae solidae ac probatorum morum ... aequitatis amantissimus, *Horae*, *II*, p.404.
- Il a conseillé à Descartes de rédiger sa preuve de l'existence de Dieu sur le mode des démonstrations géométriques, *Eth.*, *I*, not. §103, p.152.
- Ses objections contre la doctrine des idées arbitraires, *Theo. nat.*, *I*, not. §191, p.166.
- Invité par Voetius à combattre la philosophie de Descartes, il lui répondit qu'il croyait que Dieu l'a éclairé d'une grande lumière et qu'il trouvait sa doctrine conforme à celle de saint Augustin, *Horae*, *II*, p.404.
- Sa mesure du poids de l'air, *Melet.*, sect. 3, n.8, p.142.
- A propos de ses expériences ballistiques, *Theo. nat.* *I*, §43, p.36, *Eth.*, *II*, not. §24, p.46.
- Il a rassemblé les définitions et les propositions d'Euclide, Ramus, Archimède, Kepler, Théodose, Menelas, Maurolycus, Apollonius, Serenus, Mydorge, Pappus, sans leurs démonstrations, *Log.*, not. §863, p.621, *Melet.*, sect. 3, n.12, p.168.

MOIVRE Abrahamus de (1667-1754) mathématicien anglais
- Sa méthode pour calculer la probabilité dans les jeux ressortit à la logique des probables, *Log.*, not. §593, p.443.

MOLYNEUSIUS Gulielmus (1656-1698)
- Vir perspicaciae notissimae, *Ont.*, not. §760, p.567.
- Il a trouvé obscur le *Specimen Dynamicum* de Leibniz, *Ibid.*, p.567, *Eth.*, *I*, not. §48, p.68.
- A propos de sa correspondance avec Locke, *Horae*, *III*, p.697.

MONTMORT Petrus Remundus de (1678-1719)
- Mathematicus Gallus, *Psycho. emp.*, §243, p.172.
- D'après Fontenelle, il s'adonnait à la solution de problèmes difficiles au milieu de beaucoup de bruit, *Ibid.*, p.173, §248, p.177, not. §249, p.180.
- Son analyse des jeux de hasard ressortit à la logique des probables, *Log.*, not. §593, p.443.
- Les lettres que Leibniz lui a adressées à propos : du temps, *Ont.*, not., §572, p.443, - de l'espace, *Ont.*, not. §589, p.455, - de l'*ars characteristica combinatoria*, *Psycho. emp.*, not. §297, p.211, not. §301, p.206, not. §307, p.222, not. §309, p.224, - des rapports de sa philosophie avec celle de Wolff, *Melet.*, sect. 1, n. 37, p.171, *Eth.*, *V*, praefatio, p.12 (non paginée), - de l'*Essai sur l'entendement humain* de Locke, *Eth.*, *I*, not. §48, p.68.

MORUS Henricus (1611-1687)
- L'espace est un attribut de Dieu et exprime son essence, *Ont.*, not. §599, p.461, §611, p.469, *Theo. nat.*, *I*, not. §86, p.64, *Theo. nat.*, *II*, not. §694, p.702, *Horae*, *III*, p.402, - pour lui comme pour Spinoza, *Theo. nat.*, *II*, not. §694, p.702. - Raphson a été son disciple sur ce point, *Ont.*, not. §599, p.461, *Theo. nat.*, *II*, not. §694, p.702, *Horae*, *III*, p.402.
- Il a donné le nom de monades aux éléments matériels des choses, *Ont.*, §684, p.517, *Cosmo.*, not. §182, p.146, - et s'est demandé s'ils ont une forme, bien qu'il ne leur attribuait pas l'étendue, *Ibid.*, not. §188, p.149.
- Sa défense des *affectus* contre les Stoïciens, *Eth.*, *II*, not. §527, p.643.
- A propos de son principe hylarchique, *Psycho. rat.*, not.

§583, p.504.
- La lettre que Descartes lui a envoyée au sujet de la force donnée par Dieu à l'âme de mouvoir le corps, *Psycho. rat.*, not. §597, p.519-520.

MUSAEUS Joannes (1613-1681)
- inter Theologos Lutheranos eximius, *Eth.*, *I*, not. §106, p.164, - acerrimi judicii Theologus, *Luc. com.*, §4, p.8.
- Sur la difficulté de prouver l'existence de Dieu, *Ibid.*, p.8 (Cit. : *Introductio in Theologiam* ..., c.1, §13, p. 38, 39), - et la différence de force probante des différentes preuves, *Melet.*, sect. 1, n.35, p.145.
- Sur la contingence du monde et la nécessité conditionnelle, *Ibid.*, p.146.
- Sa défense de la vérité déterminée des futurs contingents contre les Sociniens, *Cosmo.*, not. §107, p.96, *Psycho. rat.*, not. §633, p.573, *Monit.*, §6, p.11, §8, p.14.
- Sur l'usage des principes de la raison en théologie révélée, *Theo. nat.*, *I*, not. §100, p.81, *Eth.*, *I*, not. § 106, p.164.

MUYS Gulielmus (1682-1744) médecin hollandais
- Bien qu'il n'admettait pas la force active primitive, il a reconnu que si la matière n'est pas en mouvement, on ne peut expliquer les formes qu'elle revêt, *Horae*, *II*, p.708-709.

MYDORGIUS Claudius (1585-1647) mathématicien français
- Mersenne a rassemblé ses définitions et ses propositions sans leurs démonstrations, *Log.*, not. §863, p.621.

NEUMANNUS Casparus (1648-1715)
- Inspectorem quondam Ecclesiarum et Scholarum Vratislaviensium Augustanae Confessioni addictarum et Professorem Theologiae in utroque Gymnasio, *Eth., I,* not. §100, p.163-164, *Disc. prael.,* not. §29, p.13, - celeberrimus Vratislaviensium Theologus, *Ratio,* sect. 2, c.2, §19, p.126, - Theologus apud Vratislavienses nuper clarissimus, *Horae, I,* p.119, - Theologus eminens pro eo, quo pollebat, ingenii acumine, *Log.,* §978, p.702, - Specimen ... intellectus systematici luculentissimum exhibuit, *Horae, I,* p.119, - limati judicii vir, *Disc. prael.,* not. §29, p.13.
- Il était partisan d'appliquer la méthode philosophique à la théologie, *Eth., I,* not. §106, p.163, *Melet.,* sect. 3, n.14, p.178.
- Sa tentative pour dégager la signification hiéroglyphique des mots hébreux, *Log.,* not. §978, p.702, *Psycho. emp.,* not. §158, p.112, not. §303, p.217.
- Son jugement sur l'identité des prédications essentielles des Scolastiques, des perceptions claires et distinctes de Descartes, de ce qui peut être conçu ou non selon Tschirnhaus, et des propositions *se mutuo ponentes vel tollentes* de Wolff, *Ratio,* sect. 2, c.2, §19, p.126.
- Ses objections contre la définition wolffienne de la philosophie, *Disc. prael.,* not. §29, p.13, *Ratio,* sect. 2, c.1, §2, p.107.

. NEWTONUS Isaacus (1642-1727)
- Vir summus ... opere suo Principiorum ... prorsus *singulari,* tantam nominis celebritatem inter omnes eruditos consecutus, ut Autorem operis sine pari nemo ignoret, *Log.,* not. §376, p.307, not. §857, p.616, *Ont.,* not. § 75, p.55, *Cosmo.,* not. §292, p.221, *Horae, II,* p.93, - magnus ille *Newtonus* qui Mathesin sublimiorem et cognitionem naturae mathematicam tot egregiis inventis auxit, ut Geometris omnibus palmam dubiam reddiderit, in suis proponendis totus occupatus, de aliorum erroribus vel opinionibus parum sollicitus, *Horae, I,* p.199^{x}-200^{x}, - Geometra summus, cujus eminentia in Mathesin merita nunquam satis judicabuntur, *Eth., III,* not. §86, p.167, -

NEWTONUS

Geometra summus, qui tot praeclaris inventis Mathesin ditavit et cognitioni Naturae mathematicae tantam lucem affudit, ut magno suo merito ubivis terrarum maximis extollatur laudibus, ubi scientiis mathematicis honos habetur, *Horae, III*, p.399, *Eth., I*, not. §348, p.551, - Mathematicus summus, *Horae, III*, p.418, - eminens in Mathesi, *Ont.*, not. §66, p.45, - inventorum mathematicorum gloria eminet, *Psycho. emp.*, not. §217, p.152, - Geometram profundum, *Eth., I*, not. §293, p.457, - Geometram maximo suo merito celebrem, *Horae, I*, p.179[x], - vir in theoriis sublimibus summus, *Horae, I*, p.231[x], - profundae indaginis vir, *Melet.*, sect. 3, n.8, p.144, - *Newtonum*, cui res metaphysicae nunquam curae cordique fuerant, *Eth., I*, not. §48, p.68.

Algèbre

- Keill l'a appelé le premier inventeur du calcul différentiel, *Eth., I*, not. §360, p.573-574.
- La méthode différentielle et les quantités infiniment petites, *Disc. prael.*, not. §158, p.87, *Log.*, not. §328, p.288, *Ont.*, not. §810, p.607. - Ses séries infinies et celles de Leibniz, *Horae, I*, p.179[x]-180[x].
- Son énumération des courbes du second genre et l'exposé de ses inventions en ce domaine par Stirling, *Ont.*, not. §246, p.201, 202.

Astronomie

- Il a repris les hypothèses de Kepler et c'est pourquoi Whistonus a appelé ce dernier le père de la philosophie newtonienne, *Eth., I*, not. §80, p.109-110, *Eth., III*, not. §86, p.167.
- Sur le mouvement elliptique des planètes primaires et des comètes autour du soleil, *Disc. prael.*, not. §8, p.3, not. §9, p.4, not. §15, p.7, not. §16, p.8, not. §161, p. 90, *Ont.*, not. §50, p.33, *Horae, III*, p.441.
- Ses démonstrations au sujet du poids des planètes, *Log.*, not. §1094, p.776, not. §1192, p.835.
- Il a inventé le télescope catoptrico-dioptrique, *Log.*,

not. §376, p.307.

Mouvement

- Il a exposé à son sujet beaucoup d'hypothèses possibles qui ne peuvent être toutes réalisées dans la nature, *Ont.*, not. §93, p.71.
- Il n'a pas démontré ses lois; il les supposait connues à partir des phénomènes, *Luc. com.*, §9, p.27.
- Il a accepté comme un axiome que tout corps persévère dans son état de repos ou de mouvement s'il n'est pas contraint d'en changer, *Ont.*, not. §75, p.55-56, - et il en a fait la première loi du mouvement, *Cosmo.*, not. § 309, p.232 (Cit. : *Principia* ..., lib. I, lex 1, t.II, p.13).
- Il a rapporté les déterminations de la réaction à la troisième loi du mouvement, *Cosmo.*, not. §315, p.236, - dont il a énoncé ainsi la première partie : la réaction est contraire à l'action, *Cosmo.*, not. §318, p.238, - et la seconde : l'action d'un corps est égale à la réaction d'un autre, *Cosmo.*, not. §346, p.252-253 (Cit. : *Principia* ..., lib. I, lex 3, t.II, p.14).
- Il a fait des passions mutuelles des corps dans leur conflit un cas spécial de l'égalité de l'action et de la réaction, *Cosmo.*, not. §350, p.257.
- Sa notion de *vis inertiae*, *Horae, II*, p.689, *Horae, III*, p.429.
- Sa définition du mouvement absolu, *Horae, III*, p.421.
- Sa théorie des forces centripètes et de la résistance des milieux, *Horae, II*, p.164.
- Il a laissé en suspens la question de savoir si ce qu'il appelle l'attraction s'effectue par une pulsion, *Cosmo.*, not. §292, p.221. - A propos de l'attraction comme cause des phénomènes naturels, *Eth., III*, not. §94, p.189.
- Sur l'*actio in distans* des forces attractives, *Horae, III*, p.442, - qu'il a ramenée à certaines lois, *Eth., I*, not. §348, p.551.
- Leibniz n'a pas fait mention de lui, comme il l'aurait dû, à propos des forces, *Eth., I*, not. §48, p.68.

NEWTONUS

Optique

- Sa démonstration de la composition de la lumière, *Disc. prael.*, not. §20, p.10, - et du caractère primitif des cinq couleurs qui naissent de la réfraction de la lumière solaire sur le prisme, *Log.*, §765, p.547.
- Il a défendu sa nouvelle théorie de la lumière contre Pardies et Linus, *Log.*, not. §1064, p.759.
- A propos de ses expériences optiques, *Eth.*, *I*, not. § 351, p.557.

Principia mathematica

- Opus eminens, *Log.*, not. §857, p.616, - incomparabile, *Ont.*, §611, p.469, *Melet.*, sect. 3, n.8, p.144, - eximium, *Psycho. emp.*, not. §217, p.152, - excellens, *Eth.*, *I*, not. §48, p.68.
- Sur cet ouvrage en général, *Log.*, not. §992, p.716.
- A l'exemple d'Archimède et de Galilée, il y a appliqué la géométrie à l'explication de la nature, *Eth.*, *III*, not. §86, p.167.
- Il y a donné des démonstrations incomplètes qui ont paru difficiles à Huygens et à Leibniz, *Log.*, not. §857, p. 616.
- Ce dernier a fait remarquer que les définitions qu'il y a données attestent de son manque d'attention aux forces, *Eth.*, *I*, not. §48, p.68.

Varia

- Il a désapprouvé ceux qui délaissent la méthode démonstrative des anciens, *Eth.*, *I*, not. §325, p.504.
- Sa notion d'espace absolu, *Ont.*, §611, p.469, not. §618, p.477, *Horae*, *III*, p.401.
- Il n'a pas voulu prétendre, comme Henri More, que l'espace est Dieu, *Horae*, *III*, p.402. - Il en a fait seulement l'*organum sensorium*, *Horae*, *III*, p.403-404, *Ont.*, not. §599, p.461. - Critique de cette conception, *Horae*, *III*, p.404-410.
- Sa notion du lieu comme partie de l'espace, *Horae*, *III*,

p.413.
- Sur le temps absolu et sa mesure, *Ibid.*, p.415, 416.
- Dieu en existant toujours constitue le temps, comme il constitue l'espace en existant partout, *Ibid.*, p.418.
- Par malheur il a voulu introduire en métaphysique les notions mathématiques d'espace, de lieu, de temps et de forces motrices, *Ibid.*, p.449.
- Ses objections contre l'harmonie préétablie, *Psycho. rat.*, not. §612, p.542, - en laquelle il voyait un vrai miracle, *Ibid.*, not. §629, p.567.
- Selon lui l'influx physique de l'âme sur le corps est une donnée de l'expérience, *Eth.*, *I*, not. §118, p.187.
- Son essai de clarification des anciennes chronologies, *Horae*, *III*, p.399.
- Il a adhéré à l'hypothèse atomistique, *Ibid.*, p.400.
- D'après Pembrocke il n'a pas lu beaucoup de livres, *Eth.*, *I*, not. §364, p.582.
- Sur son oubli de ses propres inventions, d'après Pemberton, *Psycho. emp.*, not. §217, p.152.

NICIUS Aerythraeus (ROSSI Joannes Victor) (1557-1647)
- Son témoignage sur la résistance de Campanella à la douleur, *Psycho. emp.*, §927, p.696, *Horae*, *II*, p.379-380, 411.

NICOMACHUS Gerasenus (saec. I)
- Sa distinction des genres et des espèces de nombres, *Ont.*, not. §208, p.172, not. §260, p.213, not. §345, p. 271.

NOELLIUS Franciscus (1651-1729) jésuite belge
- Son édition des livres classiques des Chinois, *Theo. nat.*, *II*, not. §513, p.498, *Eth.*, *I*, not. §54, p.76, *Eth.*, *III*, not. §78, p.149, *Horae*, *III*, p.494.

NOVIOMAGUS (BRONCHORST) Joannes (1494-1570) professeur de mathématique allemand
- Sur la façon de compter avec les doigts, *Melet.*, sect. 2, n.3, p.256.

OCCAMUS Gulielmus (1270-1347)
- Définition de l'essence divine par la connaissance intuitive d'elle-même, de tous les futurs et de tous les possibles, *Monit.*, §17, p.33.

OLDENBURGIUS Henricus (?-1634)
- Les lettres que Leibniz lui a adressées à propos de l'*ars characteristica combinatoria*, *Psycho. emp.*, not. §297, p.210, not. §301, p.216.

ORIGENES (185-254)
- Il était partisan de la préexistence des âmes, *Psycho. rat.*, not. §705, p.627.

OVIDIUS Naso Publius (43-18)
- C'est la recherche de la gloire qui l'a poussé à entreprendre son oeuvre, *Psycho. emp.*, §711, p.586 (Cit. : *Tristia*, 5,12 (13), 7).
- Sa conception de la matière universelle et uniforme, *Monit.*, §11, p.20.
- Il s'est représenté le chaos comme une masse brute et confuse, *Eth.*, *III*, not. §30, p.60.
- Citation de l'*Ars amatoria*, III, 397, *Disc. prael.*, not. §1, p.1, *Psycho. emp.*, not. §588, p.445, *Luc. com.*, §21, p.68.

OVIEDO Franciscus de (1602-1651)
- Societatis Jesu, *Psycho. emp.*, §583, p.442.
- Sa division de l'appêtit en : concuspicible et irascible, *Ibid.*, p.442 (Cit. : *Integer cursus philosophicus* .., t.II, p.66-67).

OZANAM Jacobus (1640-1717)
- Son explication de la construction des équations, *Log.*, not. §785, p.564.

PAPINUS Dionysius (1647-1714)
- Sa controverse avec Leibniz au sujet de la mesure des forces vives, *Cosmo.*, not. §481, p.373.

PAPPUS (saec. IV)
- Mersenne a rassemblé ses définitions et ses propositions sans leurs démonstrations, *Log.*, not. §863, p.621.

PARDIES Ignatius Gasto (1636-1673) jésuite français
- Newton a défendu sa nouvelle théorie de la lumière contre lui, *Log.*, not. §1064, p.759.

PAULUS de Castro (?-1420/1427) juriste italien
- Il a interdit de tirer des conséquences de ce qui est contraire au droit, *Horae, II*, p.112 (Cit. : commentaire des *Institutiones*).

PELAGIUS (circa 360-430)
- Partisan du traducianisme, *Psycho. rat.*, not. §703, p. 624-625.

PELETARIUS Jacobus (1515-1582)
- Cenomannus in Gallia Matheseos Professor, *Ont.*, not. § 471, p.360.
- Il a rejeté les démonstrations reposant sur le principe euclidien de congruence, *Ibid.*, p.360.
- Sa controverse avec Clavius sur ce point et au sujet de l'angle de contact, *Horae, I*, p.280.

PELSHOVER (PELZHOVER) Joannes Georgius (1599-1637) médecin styrien
- Regiomontanus Borussus, *Psycho. emp.*, §197, p.135.
- Son témoignage au sujet de la plus grande facilité qu'avait Wallisius à effectuer les opérations arithmétiques dans les ténèbres que dans la clarté du jour, *Ibid.*, p. 135.

PEMBERTONUS (PEMPERTON) Henricus (?-1771) professeur de physique anglais

- Sa conception de la philosophie newtonienne, *Eth., III*, not. §86, p.167.
- A propos de l'oubli par Newton de ses propres inventions, *Psycho. emp.*, not. §217, p.152.

PEMBROCKIUS (HERBERT) Thomas de (?-1733) érudit anglais
- Il a rapporté que Newton avait lu peu de livres, *Eth., I*, not. §364, p.582.
- A sa mort, Wolff a été élu membre de l'Académie royale des sciences de Paris, *Psycho. rat.*, praefatio, p.17[x].

PEREZ Antonius (1599-1649)
- e Societate Jesu, *Theo. nat., I*, praefatio, p.23[x].
- Il a affirmé que ce monde est le meilleur possible, *Ibid.*, p.23[x], not. §406, p.377.

PEROTTUS Nicolaus (?-1480) théologien catholique italien
- Ses définitions : de l'envie, *Psycho. emp.*, §715, p.540 (Cit. : *Cornu copiae ...*, col.99), - du repentir, *Ibid.*, §760, p.573 (Cit. : *Cornu copiae ...*, col.622).

PERRALTUS Claudius (1613-1688) médecin français
- Ses notes au traité d'architecture de Vitruve, *Cosmo.*, not. §378, p.273.
- Ses observations sur les yeux des animaux, *Psycho. rat.*, not. §750, p.667.
- Au sujet de la propagation de la parole, *Melet.*, sect. 2, n.3, p.261.
- Il a donné le nom de mécanique des animaux à la physiologie, *Disc. prael.*, §84, p.37.

PFAFFIUS Christophus Mathias (1686-1760)
- Theologus [Lutheranus] aequitatis non minus, quam variae eruditionis laude celeberrimus, *Luc. com.*, §2, p.3.
- Il était d'avis que les principes de la philosophie wolffienne sont sains et conformes à la théologie, *Ibid.*, p.3.

PILES Rogerus de (1635-1709) peintre français
- Sur le toucher des aveugles, *Psycho. rat.*, not. §162, p.127.

PINDARUS (520-430)
- Au sujet de ses poèmes, *Psycho. emp.*, not. §210, p. 144-145.

PITCAIRNUS Archibaldus (1625-1713)
- Medicus praeclarus [Scotus], *Horae, I,* p.154, 178.
- Le médecin doit imiter l'astronome, *Eth., I,* not. § 339, p.534, *Horae, I,* p.154-155 (Cit. : *Opuscula medica*, p.5), *Horae, III,* p.717, - et ne s'assujettir à aucune hypothèse, *Horae, III,* p.79, 80, 81.
- A propos de la digestion, *Horae, I,* p.178.

PITISCUS Bartholomaeus (1561-1619) mathématicien allemand
- Editeur des canons, des sinus et des autres logarithmes de Rheticus, *Ont.*, not. §822, p.615.

PLATO (427-347)
- summi acuminis philosophus, *Horae, I,* p.132.
- D'après Theo de Smyrne, il pensait que l'étude des mathématiques est une excellente préparation à celle de la philosophie, *Ont.*, not. §51, p.35, *Horae, I,* p.306.
- Wolff lui a prêté l'affirmation que : "Deo semper cum Geometria negotium esse", *Theo. nat., I,* not. §291, p.288.
- Sa distinction entre l'art et la science, *Eth., I,* not. §482, p.741.
- D'après Leibniz, il n'a pas suffisamment démontré l'immortalité de l'âme, *Melet.*, sect. 3, n.5, p.127.
- Bienheureux état dans lequel les philosophes gouvernent ou bien les rois sont philosophes, *Horae, I,* p.2.
- Certains ont prétendu qu'il était idéaliste, *Luc. com.*, §24 (marqué : §23), p.75.
- Ceux qui ont désigné les essences sous le terme platonicien d'idées, *Luc. com.*, §12, p.32.
- Ceux à qui n'apporte rien une bonne compréhension de sa pensée, *Horae, II,* p.405.

- De son temps, aux habitants de Delphes qui cherchaient un remède contre la peste, l'oracle proposait le problème de la duplication du cube, *Log.*, not. §785, p.563.

PLINIUS Caius Secundus (23-79)
- Sur la façon de s'exprimer avec les doigts, *Melet.*, sect. 2, n.3, p.256.
- Critique des descriptions de son *Histoire naturelle*, *Ibid.*, sect. 3, n.8, p.141.

PLUTARCHUS (50-120)
- Sur la façon de s'exprimer avec les doigts, *Melet.*, sect. 2, n.3, p.256.
- Il a rapporté que les Athéniens tenaient pour un crime d'affirmer que la lune est éclairée par le soleil et qu'elle est éclipsée par l'ombre de la terre, *Cosmo.*, praefatio, p.12[x].
- Il a aussi rapporté que Cléanthe a pensé que les Grecs ont dû estimer les conceptions astronomiques d'Aristarque de Samos comme contraires à la religion, *Horae*, *II*, p. 378.

POIRETUS Petrus (1646-1719)
- Son combat contre les essences nécessaires et éternelles et sa défense des essences arbitraires, critiqués par Pungeler, *Ont.*, not. §299, p.240, *Theo. nat.*, *I*, not. §191, p.166, *Theo. nat.*, *II*, not. §83, p.54, not. §92, p.63, *Luc. com.*, §12, p.33, 34, *Monit.*, §15, p.28.
- Dieu se voyant adéquatement représenté par son Fils, a décrété de l'être aussi de façon finie par les créatures auxquelles il a conféré les déterminations d'où sont nées leurs idées dans son entendement, *Theo. nat.*, *II*, not. § 608, p.597.
- Dieu se connaît nécessairement lui-même, mais sa connaissance des créatures est libre, *Theo. nat.*, *I*, not. §311, p. 311.
- Dieu n'a pas les idées des choses qui nous sont désagréables, *Ibid.*, not. §197, p.171.
- Comme Descartes, il a défini la substance incorporelle

par la pensée, *Luc. com.*, §23 (marqué : §22), p.77.
- Lange l'a appelé: "virum summum et meritissimum", *Ibid.*, p.77.

POLENUS Joannes (1683-1761)
- Mathematicus Patavinus, *Cosmo.*, §483, p.374, - Vir insignis, *Ibid.*, §527, p.409.
- Sa démonstration des lois du mouvement, *Ibid.*, p.409.
- Il a le premier imaginé une expérience pour mesurer les forces vives, *Cosmo.*, §483, p.374.

PONCIUS (PONZIUS) Joannes (saec. XVII) franciscain irlandais
- Ses définitions de l'appétit concupiscible et de l'appétit irascible, *Psycho. emp.*, not. §583, p.442.

PORTA Joannes Baptista della (?-1615) érudit italien
- A propos de la vision facilitée par l'usage des verres, *Log.*, not. §944, p.670, *Eth.*, *I*, not. §357, p.566-567.

POSIDONIUS (135-51?)
- D'après Stobée, il a prétendu que la matière n'a ni forme, ni qualités, *Ont.*, not. §686, p.518.

PRISCIANUS (circa 525)
- Sa définition de l'envie, *Psycho. emp.*, §715, p.540 (Cit. : *Institutiones grammaticae*, lib. 18, §131).
- A propos de ses analyses grammaticales, *Eth.*, *I*, not. §274, p.418.

PROCLUS (410-485)
- Il s'est inspiré d'Aristote pour la distinction des différentes espèces de causes, *Ont.*, not. §951, p.687.

PROPERTIUS Sextus Aurelius (?-742)
- A la place du mot *invidia*, il a employé le terme : *zelotypia*, *Eth.*, *II*, not. §513, p.627.

PTOLEMAEUS (saec. II)
- Esprit systématique, *Horae, I,* p.114.
- Il a été appelé: "Princeps Astronomorum veterum", *Log.,* not. §1106, p.782.
- A propos de l'*Almagestum, Horae, I,* p.114, *Horae, III,* p.411, - et de ses écrits, *Log.,* not. §911, p. 647.
- Sur son système, *Disc. prael.,* §168, p.97, *Cosmo.,* not. §59, p.58, not. §63, p.61, *Eth., III,* not. §35, p.70.
- Les progrès de l'astronomie après lui, *Eth., I,* not. §126, p.203.

PUFFENDORFIUS Samuel (1632-1674)
- La conception de la justice arbitraire de Dieu, *Monit.,* §15, p.28.
- Les attaques de Josua Schwarzius, *Horae, I,* p.219-220, - et de Nicolas Beckmann contre lui, *Horae, II,* p.391, 393, 397, 398, 399, 401, 402, 404, 406, 412, 413, 414, 426.
- On a admis jusqu'à lui la bonté et la malice intrinsèques des actions humaines, *Eth., III,* not. §91, p.181, *Monit.,* §15, p.28, *Horae, I,* p.211-212.

PUNGELERUS Abrahamus (saec. XVIII)
- Theologiae et Historiae sacrae nuper Professor [Calvinista] in Athenaeo Herbornensi, *Theo. nat., I,* not. §191, p.167, *Luc. com.,* §12, p.33, - Theologus celeberrimus, *Ont.,* not. §299, p.240.
- Il a défendu contre Poiret la nécessité et l'éternité des essences, *Ont.,* not. §299, p.240, *Theo. nat., I,* not. §191, p.167, *Luc. com.,* §12, p.33.

PURBACHIUS Georgius (1423-1461) mathématicien allemand
- Son explication de la théorie des planètes, *Log.,* not. §848, p.610.

PYTHAGORUS (582-496)
- A propos de : son théorème, *Disc. prael.,* not. §148, p.

711, *Log.*, not. §216, p.224, *Ont.*, not. §98, p.76, *Psycho. emp.*, not. §601, p.456, *Horae, I*, p.278, - son abaque, *Log.*, not. §634, p.462, not. §1125, p.792, *Ont.*, not. §280, p.228, §766, p.580.
- D'après Stobée, Ecphante a été le premier à considérer ses monades comme corporelles, *Ont.*, not. §686, p.518.
- On peut se demander s'il n'a pas nié la persistance de l'individualité morale après la mort, *Melet.*, sect. 2, n.5, p.127.
- Les Gnostiques ont mélangé ses principes avec la doctrine chrétienne, *Theo. nat.*, *I*, not. §268, p.245.

QUINTILIANUS Marcus Fabius (saec. I)
- Sur la façon de s'exprimer avec les doigts, *Melet.*, sect. 2, n.3, p.256.
- Sa conception de la curiosité, *Eth.*, *I*, not. §34, p.45.
- A propos des effets néfastes de la sensualité sur l'esprit, *Ibid.*, not. §159, p.253.

RAMUS Petrus (1515-1572)
- Il a rangé sous l'appellation de contradictoires toutes les propositions opposées, *Log.*, §318, p.283.
- Il a reproché à Euclide de ne pas avoir réparti les genres et les espèches de façon légitime et Arnauld l'en a loué, *Ont.*, not. §246, p.202.
- Il a critiqué les démonstrations d'Euclide, *Log.*, not. §498, p.379, not. §1020, p.735, *Horae, I*, p.280, *Horae, II*, p.93. - Il l'a blamé en particulier d'avoir démontré que l'angle externe d'un triangle rectiligne est plus grand que l'un des deux externes opposés, avant d'avoir prouvé qu'il est égal à ceux-ci, *Disc. prael.*, not. §131, p.65.
- Il a approuvé son utilisation du principe de congruence, *Ont.*, not. §471, p.360 (Cit. : *Scholarum mathematicarum Libri ...*, p.158, 163, *Arithmeticae libri duo ...*, p.6-7).
- Mersenne a rassemblé ses définitions et ses propositions sans leurs démonstrations, *Log.*, not. §863, p.621.

RAPHSONUS Josephus (?-1716)
- Pour lui, comme pour Henri More, l'espace est un attribut de Dieu, exprimant son essence infinie, *Ont.*, not. § 599, p.461, *Theo. nat.*, *I*, not. §86, p.64, *Theo. nat.*, *II*, not. §694, p.702. - L'espace est Dieu lui-même, *Psycho. rat.*, not. §659, p.597, *Horae, III*, p.402.

REAUMUR Renatus Antonius FERCHAUT de (1683-1757)
- Vir in hoc studiorum genere [i.e. in historia naturali] eminens, *Log.*, not. §771, p.551, - In historia naturali omnes longissimo intervallo post se relinquit vir magno suo merito celeberrimus, *Eth.*, *I*, not. §36, p.48, - profundus naturae scrutator, not. §129, p.208, - Virum in arte [experimentandi] summum, *Ibid.*, not. §348, p.552, - Vir magno suo merito celeberrimus, *Ibid.*, not. §359, p.571, not. §366, p.585.
- Ses articles dans les Commentaires de l'Académie royale des sciences, *Log.*, not. §771, p.551.
- Ses études sur les insectes, *Eth.*, *I*, not. §36, p.48, not. §129, p.208.

- Ses expériences sur la naissance des poulets, *Ibid.*, not. §348, p.552, not. §359, p.571, not. §363, p.580, not. §366, p.585.

REGIOMONTANUS Joannes (1436-1476)
- Mathematicus clarissimus [Germanus], *Horae, I,* p.115.
- Son *Epitome* de l'oeuvre de Ptolémée, *Ibid.*, p.115.

REGIUS Petrus Sylvanus (1510-1577)
- Défenseur des causes occasionnelles, *Monit.*, §15, p. 29.

RHETICUS Georgius Joachimus (1514-1576) mathématicien allemand
- Son canon des sinus et des autres logarithmes édité par Pitiscus, *Ont.*, not. §822, p.615.

RICCIOLUS Joannes Baptista (1598-1671)
- e Societate Jesu, celebre inter Astronomos nomen, *Cosmo.*, not. §532, p.415, - strenuus ille motus solis propugnator, et motus telluris oppugnator, *Horae, I,* p.293.
- Il s'est servi de l'hypothèse du mouvement de la terre pour établir les tables astronomiques, *Disc. prael.*, not. §168, p.99, *Horae, I,* p.208-293.
- Sa critique indirecte du mouvement de la terre sur elle-même, *Log.*, not. §1070, p.764.
- Il a dénombré dix miracles dans l'éclipse de soleil survenue au moment de la mort du Christ, *Cosmo.*, not. §532, p.415.
- La lecture de son *Almagestum* renseigne sur les progrès de l'astronomie, *Eth.*, *I,* not. §339, p.535.

RISNERUS Fridericus (?-1580/1581) mathématicien allemand
- Editeur de l'optique d'Alhazenus, *Psycho. emp.*, not. §76, p.42.
- Il a rendu universel le principe de l'optique: "Visibile majus officit minori", *Ibid.*, p.42.

ROEMERUS, Olaus (1644-1710) astronome danois
- Ses observations sur les changements annuels des étoiles fixes, *Cosmol.*, §82, p.76.

RORARIUS Hieronymus (saec. XVI)
- Les animaux se servent souvent mieux de la raison que les hommes, *Psycho. rat.*, not. §762, p.677, *Theo. nat., I*, not. §661, p.612, *Eth., II*, not. §312, p. 385, *Eth., III*, not. §54, p.110, *Horae, I*, p.59.

SANCTORIUS Joannes Donatus (1561-1636) médecin italien
- A propos de sa *Medicina statica, Horae, III,* p.90.

SARASA Antonius de (1618-1667) jésuite hollandais
- Son *Ars semper gaudendi, Eth., II,* dedicatio, p.8 (non paginée), *Eth., III,* praefatio, p.14 (non paginée).

SCALIGERUS Josephus Justus (1540-1609)
- Sa définition de la faveur, *Psycho. emp.,* §794, p.604 (Cit. : *Coniectanea in M. Terentium Varronem de lingua latina*).

SCHEGKIUS Jacobus (1511-1587) philosophe et médecin allemand
- Sur l'emploi des propositions identiques dans les démonstrations, *Melet.,* sect. 3, n.3, p.20.

SCHERZERUS Joannes Adamus (1628-1683)
- celebris nuper Theologus Lipsiensis, *Luc. com.,* §12, p.33, - Theologus quondam apud Lipsienses clarissimus, *Luc. com.,* §8, p.19, - Augustanae Confessionis, *Ont.,* not. §293, p.236.
- Ses définitions : du nécessaire, *Ont.,* not. §293, p. 236, *Luc. com.,* §8, p.19, - du contingent, *Ibid.,* p.20.
- Défenseur de l'éternité et de la nécessité des essences, *Ibid.,* §12, p.33.

SCHEUBELIUS Joannes (saec. XVI)
- Professor quondam in Academia Tubingensi, *Ont.,* not. §70, p.49.
- Son essai d'amélioration des démonstrations d'Euclide était superflu, *Ibid.,* p.49.

SCHMIDIUS Joannes Andreas (1652-1726)
- Summe Reverendus Abbas, *Luc. com.,* §3, p.4, §4, p.7, - Theologus [Lutheranus] tunc temporis celeberrimus, *Horae, III,* p.25.
- Sa démonstration de l'existence de Dieu par la contingence, *Luc. com.,* §3, p.4.

- Son jugement sur la valeur des autres preuves, *Ibid.*, §4, p.7 (Cit. : *Theologia naturalis positiva ...*, pars I, sect. 1, §6, p.54), *Melet.*, sect. 1, n.35, p.145.
- Il a encouragé Wolff à rédiger la théologie révélée en système selon la méthode démonstrative, *Horae*, *III*, p.26.

Scholastici

- Canons cités par Wolff

Canons logiques
- Absurdo uno posito sequuntur plura, *Theo. nat.*, *II*, not. §553, p.534.
- A particulari ad universale non valet consequentia, *Log.*, not. §644, p.470.
- Conclusio sequitur partem debiliorem, *Log.*, §360, p. 300.
- Conditionalis nihil ponit, *Log.*, §534, p.404, *Ont.*, not. §800, p.600.
- Contra ignorantem principia non esse disputandum, *Log.*, not. §1038, p.744, *Luc. com.*, §21, p.65.
- Contra negantem principia non esse disputandum, *Luc. com.*, §7, p.15.
- Cui competit definitio, eidem etiam competit definitum, *Log.*, not. §256, p.250, not. §277, p.262.
- Cui competit definitum, illi etiam competit definitio, *Log.*, not. §253, p.248, not. §256, p.250, not. §277, p. 262.
- Ex puris negativis nihil sequitur, *Log.*, §357 et not., p.299.
- Ex meris particularibus nihil sequitur, *Log.*, §354 et not., p.297, 298.
- In propositione negativa, negatio officere debet copulam, *Log.*, not. §207, p.221.
- Inter contradictoria non dari medium, *Ont.*, not. §53, p.36.
- Modum praedicandi sequi modum essendi, *Log.*, not. § 219, p.225.
- Posita eadem definitione, ponuntur eadem praedicata

constantia absoluta et hypothetica, *Ont.*, not. §191, p. 156.
- Posita eadem essentia, ponuntur eadem praedicata constantia actu et variabilia in potentia, *Ont.*, not. §191, p.156.
- Unius positio non est alterius exclusio, *Theo. nat., I,* not. §1078, p.1043, *Theo. nat., II,* not. §71, p.43.

Canons métaphysiques
- Accidentia posse adesse et abesse sine subjecti interitu, *Ont.*, not. §150, p.124.
- A posse ad esse non valet consequentia, *Ont.*, not. § 171, p.141.
- A possibilitate ad existentiam non valet consequentia, *Ont.*, not. §171, p.141.
- Ab esse ad posse valet consequentia, *Ont.*, not. §170, p.141.
- Ab existentia ad possibilitatem valet consequentia, *Ont.*, not. §170, p.140.
- Causa causae est etiam causa causati, *Ont.*, §928, p. 676.
- Decretum Dei non tollere contingentiam, nec officere libertati humanae, *Theo. nat., I,* not. §527, p.476.
- Efficiens efficientis est etiam efficiens effectus, *Ont.*, not. §929, p.677.
- Entia multiplicanda non sunt praeter necessitatem, *Theo. nat., II,* not. §432, p.397.
- Essentiae rerum sunt sicut numeri, *Ont.*, §345, p.270.
- Ex nihilo nihil fieri, *Ont.*, not. §61, p.42, *Theo. nat., II,* not. §560, p.542.
- Formam dare esse rei, dare distingui, *Ont.*, not. §945, p.683, *Theo. nat., II,* not. §401, p.359.
- Formam dare operari, *Ont.*, not. §946, p.683.
- Nihili nulla sunt praedicata, *Ont.*, not. §67, p.46.
- Nihilum non posse esse causam alicujus, *Ont.*, not. § 66, p.46.
- Non esse bonum nisi ex integra causa, *Theo. nat., I,* not. §980, p.947.
- Omne ens est bonum, *Luc. com.*, §6, p.13.

- Posita causa ponitur, et ea sublata, tollitur effectus, *Monit.*, §2, p.4-5.
- Posito nihilo, non ponitur aliquid, *Ont.*, not. §69, p. 46-47.
- Posito principiato, ponitur principium, *Ont.*, not. § 877, p.650.
- Posito principio, ponitur principiatum, *Ont.*, not. § 878, p.650.
- Principium principiato prius est, *Ont.*, §867, p.645.
- Qualis causa, talis effectus, *Monit.*, §10, p.16.
- Qui potest majus, potest etiam minus, *Theo. nat.*, *I*, not. §404, p.373.
- Quodlibet vel est, vel non est, *Ont.*, not. §54, p.37.
- Quodlibet, dum est, necessario est, *Ont.*, §288, p.233.
- Se mutuo determinantia sunt simul, *Ont.*, not. §120, p.98.
- Unius corruptio, alterius generatio, *Theo. nat.*, *I*, not. §829, p.817.

Caractéristiques de leur philosophie

- Ses obscurités, *Horae*, *I*, p.118, - ses bavardages, *Eth.*, *I*, not. §296, p.461, *Horae*, *III*, p.434, - ses défauts, *Log.*, not. §23, p.120, - ses sornettes, *Log.*, not. §209, p.221, *Eth.*, *II*, not. §594, p.719, *Horae*, *I*, p.33.
- Elle manque de notions distinctes, de propositions évidentes, *Ratio*, sect. 2, c.3, §3, p.142, *Ont.*, §7, p.4, § 712, p.535, - et abonde en notions trompeuses, *Log.*, not. §136, p.179, not. §1154, p.810.
- Les termes y sont souvent confus, *Log.*, not. §835, p. 596, - obscurs, *Horae*, *III*, p.512, - mal définis, *Ont.*, §7, p.4, - vides de sens, *Psycho. rat.*, not. §726, p.651.
- On y rencontre des termes barbares qui offensent les oreilles latines, *Psycho. emp.*, not. §680, p.515.
- Ses principes sont insuffisamment prouvés, ses canons vagues, *Ont.*, §7, p.4.
- Ils ont été assez pénétrants dans leurs distinctions, mais dépourvus de notions distinctes, ignorants de la vraie méthode philosophique, ils n'ont pas été au-delà de ce que les sens perçoivent et se sont contentés d'abstractions;

mais ce défaut ne leur est pas propre, *Eth.*, *I*, not. §8, p.6, not. §183, p.281, not. §198, p.300, not. §333, p. 521, *Theo. nat.*, *I*, not. §1044, p.1018. - Ils ne sont pas parvenus aux notions distinctes des choses abstraites, *Eth.*, *I*, not. §198, p.300.
- Leurs définitions ne sont pas assez distinctes et claires, *Horae*, *III*, p.509.
- Ils n'ont pas reconnu, comme Descartes, qu'il ne faut admettre que ce qui est explicable *intelligibili modo*, *Psycho. rat.*, not. §578, p.499.

Dieu

- La valeur des différentes preuves de son existence n'est pas égale, *Eth.*, *III*, not. §12, p.15.
- Ils ont appelé Dieu la substance première, *Theo. nat.*, *II*, not. §310, p.276, not. §312, p.277, - et affirmé qu'il n'est pas dans les prédicaments, *Ibid.*, not. §47, p. 28. *Ont.*, not. §772, p.581, not. §910, p.669.
- Leur conception de l'éternité, *Theo. nat.*, *I*, not. § 39, p.33, *Theo. nat.*, *II*, not. §30, p.19, - *ex parte ante et ex parte post*, *Ibid.*, not. §446, p.411, *Eth.*, *III*, not. §56, p.114. - L'éternité absolument indépendante n'appartient qu'à Dieu, *Disc. prael.*, not. §160, p.88, 89.
- L'éternité dépendante ne répugne pas au monde, *Ibid.*, p.88, 89.
- Dieu est essentiellement bon, *Theo. nat.*, *II*, not. § 215, p.200.
- Leur distinction entre *natura naturans* et *natura naturata*, *Theo. nat.*, *I*, not. §822, p.809-810, *Theo. nat.*, *II*, not. §671, p.672.
- Leur conception de la science de simple intelligence, *Theo. nat.*, *I*, not. §221, p.201, not. §226, p.204-205.
- Leurs propos au sujet de la présence locale de Dieu, *Theo. nat.*, *I*, not. §1042, p.1016, not. §1049, p.1022. - Il est présent dans les espaces imaginaires extra-mondains, *Ibid.*, not. §1054, p.1025.
- Il n'aurait pu faire les choses *substantialiter* autrement, *Ibid.*, not. §557, p.507.

- Ils ont distingué entre la puissance conservatrice directe et la puissance conservatrice indirecte, *Ibid.*, not. §855, p.839. - Aucun corps ne peut se conserver lui-même, mais Dieu peut leur donner la faculté d'en conserver d'autres, *Ibid.*, not. §927, p.900.
- Du point de vue de Dieu, il n'y a pas de hasard, seulement du côté des créatures, *Theo. nat.*, *II*, not. §462, p. 430. - Leur distinction entre le hasard et la fortune, *Ibid.*, not. §465, p.433.
- Leur conception de l'*esse per eminentiam*, *Ont.*, not. § 845, p.630.

Logique

- A propos de leur logique en général, *Log.*, not. §22, p. 119.
- Leur explication des trois opérations de l'esprit, *Log.*, not. §545, p.410.
- La copule indique le temps présent et peut être latente, *Log.*, not. §203, p.219.
- A propos des prédications essentielles, *Ratio*, sect. 2, c.2, §19, p.126.
- Leur façon d'entendre *collective* l'adjectif : *omnes*, *Log.*, not. §245, p.244.
- Ils ont distingué les propositions modales des autres, *Psycho. emp.*, not. §346, p.254, - et considéré les syllogismes modaux comme une espèce particulière de syllogismes, *Psycho. rat.*, not. §407, p.326.
- Certains ont défendu l'usage des propositions identiques dans les démonstrations, *Log.*, not. §364, p.302.
- Ils ont dit que le syllogisme est la fin interne de la logique, *Eth.*, *I*, not. §405, p.640, *Eth.*, *II*, not. §475, p.578, 579. - Sur la forme du syllogisme, *Log.*, not. §560, p.427. - Leur conception de la conversion simple, *Ibid.*, not. §399, p.325.
- Ce qu'ils ont appelé la raison formelle, *Psycho. emp.*, not. §177, p.125.
- Leur distinction entre les deux façons de considérer les choses : objectivement et subjectivement, *Ont.*, not. §493,

p.381-382.

Philosophie naturelle

- Leur explication des phénomènes naturels, *Ont.*, not. § 321, p.253. - Ils n'ont pas admis d'effet sans cause, mais certains sans raison suffisante, *Ont.*, not. §71, p. 50, - ainsi que des choses inexplicables dans la nature, *Psycho. rat.*, not. §606, p.534, *Horae, III*, p.389. - Les êtres fictifs de leur physique, *Ont.*, not. §140, p.118.
- La force attractive qu'ils attribuaient à l'aimant, *Theo. nat., I*, not. §436, p.406, - est une qualité occulte, *Ont.*, not. §63, p.43, not. §64, p.43-44, not. §71, p.50, not. §321, p.253, *Log.*, not. §727, p.523.
- Ils ont attribué la crainte, la haine et l'amour aux choses inanimées, *Log.*, not. §149, p.187.
- Leurs quatre éléments matériels : le feu, l'air, la terre et l'eau, *Theo. nat., I*, not. §734, p.728, - dans lesquels ils ont voulu à tort décomposer tous les mixtes, *Cosmo.*, not. §262, p.201.
- Leur définition du temps, *Ont.*, §586,et not., p.452, 453.
- Ils ont appelé imaginaires les espaces extramondains possibles, *Theo. nat., I*, not. §795, p.781.
- Ils ont conçu la force motrice comme une forme substantielle, *Cosmo.*, not. §299, p.225, *Horae, II*, p.707. - C'est ainsi que Leibniz a expliqué celle-ci, *Cosmo.*, not. § 360, p.261. - Ils ont fait appel à cette notion parce que, selon Aristote, *corpus ob formam agere, Ibid.*, not. §361, p.262.
- Ils n'ont pas connu la loi cartésienne de la conservation de la même quantité de mouvement dans l'univers, *Psycho. rat.*, not. §578, p.499.

Philosophie première

- Ils en ont fait l'éloge, *Ont.*, praefatio, p.11^{x}, not. § 25, p.13, - et ont constitué une ontologie naturelle complète, *Ont.*, §22, p.12. - Elle est stérile, *Ont.*, not. §1, p.1, not. §2, p.2, - et a été rejetée comme vide par Des-

cartes, *Log.*, not. §835, p.597. - Leibniz en a dénoncé les défauts et a tenté de l'améliorer, *Ont.*, not. §7, p.4. - C'est ce qu'il faut faire, *Ratio*, sect. 2, c.2, §3, p.142.
- Ses notions sont claires, quoique confuses, *Ont.*, not. §7, p.5, *Horae, III*, p.390, 400, 468, - ou obscures, *Eth.*, *III*, not. §89, p.177.
- Ils semblent avoir reconnu que les notions de l'ontologie sont directrices, puisqu'ils les ont appliquées dans les autres disciplines, *Eth.*, *I*, not. §333, p.521.
- Ce qu'ils ont appelé les notions secondes, *Luc. com.*, §8, p.23.
- Il faut en retenir les termes et les définir de façon précise, *Ont.*, §12, p.7. - La plupart sont clairs, quoique mal définis, *Ont.*, §14, p.8, §15, p.9, §24, p.13, - certains obscurs, *Horae, III*, p.400.
- Pas de propositions déterminées dans leur ontologie, *Horae, I*, p.333.
- Ils se sont servi du principe de contradiction comme d'un axiome général, *Ont.*, §29, p.17.
- Leur axiome : *nihil esse sine causa* ne doit pas être confondu avec le principe de raison suffisante, *Ont.*, not. §71, p.50, not. §74, p.54. - Ils n'ont pas eu une connaissance distincte de ce dernier et n'en ont pas fait usage, *Psycho. rat.*, not. §45, p.31.
- Il en est qui ont nié que le possible soit ce que les forces d'aucune cause ne peuvent actualiser, *Ont.*, not. §99, p.80; - ce qui a amené certains à le définir : *id cui producendo causa aliqua sufficit*, *Ibid.*, p.80. - Saint Thomas les a réfutés d'avance en montrant que cela revient à affirmer que Dieu peut les produire parce qu'il le peut, *Ibid.*, p.80.
- Ils ont bien vu que la notion du possible est contraire à la nécessité absolue, *Luc. com.*, §7, p.16.
- Leur notion de l'impossibilité est distincte, *Horae, I*, p.318.
- Sur l'être en puissance, *Theo. nat.*, *II*, not. §349, p.313. - Leur puissance active ou faculté, *Ont.*, §761, p.568 569, *Horae, I*, p.233-234. - Ils n'ont pas expliqué comment

l'énergie s'ajoute à la puissance, *Ont.*, §761, p.568. - Leur notion de puissance obédientielle, *Ont.*, not. §20, p.11.
- Ils ont distingué la nécessité *in se* de la nécessité absolue et l'ont divisée comme un genre en nécessité absolue et nécessité de nature, *Ont.*, §302, p.242.
- Ils tenaient les termes de réalité et de quiddité pour synonymes, *Ont.*, §243, p.196.
- Ils ont défendu la thèse de l'éternité et de la nécessité des essences, *Ont.*, not. §299, p.240, *Theo. nat.*, *II*, not. §92, p.63, not. §281, p.253, *Luc. com.*, §8, p. 21, §12, p.31-35, - et ont été insultés par Poiret à ce sujet, *Ibid.*, §12, p.33.
- Quelques-uns ont estimé que l'existence appartient à l'essence, *Ont.*, not. §303, p.242.
- Ils ont mal défini l'existence, *Ont.*, not. §13, p.8.
- Leurs discussions à propos du principe d'individuation, *Log.*, §75, p.153, - qu'ils ont appelé *haeccitas*, *Ont.*, p. 189.
- Leur notion de substance est féconde, *Ont.*, §771 et not., p.575-579, - confuse, *Ont.*, not. §785, p.590, - mal définie, *Ont.*, not. §13, p.8. - Celle de Descartes est en accord avec la leur, *Ont.*, §772, p.579-581. - Leibniz a cherché à la rendre distincte, *Ont.*, §771, p.578-579.
- Ils ont déclaré que les attributs sont incommunicables, *Psycho. rat.*, not. §45, p.31.
- Leur notion d'accident prédicable, *Log.*, §67, p.147, *Ont.*, §148 et not., p.123, not. §150, p.124, *Horae*, *I*, p. 281[x].
- Ils ont appelé substances secondes les créatures douées d'une force propre d'agir, *Psycho. rat.*, not. §590, p. 514.
- Leur conception de la vérité transcendantale ou métaphysique, *Ont.*, §502, p.387-389.
- Ils ont appelé bonté transcendantale la perfection, *Ont.*, §503, p.390, §527, p.409, not. §528, p.411. - Ce qu'ils ont dénommé *substantialiter perfectum*, *Theo. nat.*, *I*, not. §578, p.529.
- Leur définition de l'être simple, *Ont.*, §684 et not., p.

515-517.
- Beaucoup d'entre eux ont cherché à donner une notion distincte de la qualité, mais aucun ne s'est écarté du sens donné à ce terme par Aristote, *Ont.*, §470, p.356.
- Leur conception des parties quantitatives, *Ont.*, § 684, p.516, not. §693, p.524, not. §753, p.558.
- Leur notion des degrés, *Ont.*, §760, p.564.
- Leur conception du continu, *Horae, II,* p.698.
- Leur définition du temps, *Ont.*, §586 et not., p.452, 453.
- Leur notion : de la relation, *Ont.*, §865, p.643-644,
- du principe, *Ont.*, §879, p.651.
- Ce qu'ils ont appelé causalité, *Ont.*, §884, p.653.
- Ils ont attribué aux êtres une inclination naturelle vers ce qui leur convient, *Ont.*, not. §530, p.412.

Psychologie

- Ils ont confondu la force avec les facultés, *Psycho. rat.*, not. §53, p.35.
- Ils n'ont attribué à l'âme que des puissances nues, *Ibid.*, not. §576, p.497.
- Fausseté de leur principe : *nihil esse in intellectu, quod non prius fuerit in sensu*, *Melet.*, sect. 2, n.8, p.380.
- Leurs espèces impresses, *Psycho. rat.*, not. §112, p. 88. - Leur conception des espèces matérielles, *Psycho. rat.*, not. §576, p.496-497.
- Leur conception des couleurs, *Theo. nat.*, *I*, not. § 204, p.178-179.
- Ils ont appelé appétit l'appétit sensible et l'ont divisé en concupiscible et irascible; mais tous n'ont pas caractérisé ces deux formes de l'appétit de la même façon, *Psycho. emp.*, §583 et not., p.442.
- Ils ont qualifié de morale la nécessité hypothétique des appétits et des aversions, *Theo. nat.*, *II*, not. §291, p.262, not. §359, p.324.
- Leur définition de la volonté, *Ratio*, sect. 2, c.3, § 30, p.153.
- Ce qu'ils ont entendu par l'indifférence d'excercice,

Psycho. emp., §946, p.710. - A propos de l'indifférence de parfait équilibre soutenue par certains d'entre eux, *Ratio*, sect. 2, c.3, §31, p.153.
- Ils ont soumis à l'âme tous les mouvements vitaux, bien qu'ils les soustrayaient à son libre arbitre, *Theo. nat.*, *I*, not. §1028, p.1004.
- Leur définition de la personne, *Psycho. rat.*, not. §741, p.660, not. §767, p.679, - est défectueuse, *Ont.*, not. §13, p.8.
- Selon quelques-uns d'entre eux l'âme est tout entière dans tout le corps et dans chacune de ses parties, *Psycho. emp.*, not. §152, p.106, not. §155, p.109, *Theo. nat.*, *I*, not. §1028, p.1004, not. §1029, p.1007.
- Les âmes existent *in aliquo ubi*, *Ibid.*, not. §1041, p.1014, 1015.
- Ils ont défendu le système de l'influx physique, *Psycho. rat.*, not. §563, p.483, not. §610, p.541, *Horae*, *I*, p.191, - sans se douter qu'il s'oppose au principe de la conservation de la même quantité de mouvement, *Psycho. rat.*, not. §578, p.499.
- Voir : Systema influxus physici.
- Sur la création des âmes, *Ibid.*, not. §699, p.622.
- Ils ont attribué la crainte, la haine, l'amour et une âme aux plantes, *Log.*, not. §149, p.187, *Psycho. rat.*, not. §582, p.504, not. §620, p.553.
- Ils ont aussi attribué aux bêtes une âme, *Psycho. rat.*, not. §749, p.667, - immatérielle, *Ibid.*, not. §752, p. 669, - douée de mémoire et d'imagination, *Ibid.*, not. § 755, p.672. - Sur l'instinct naturel des animaux, *Horae*, *III*, p.434.

Rapports de Wolff avec eux

- Wolff a étudié leur logique, *Ratio*, sect. 2, c.2, §5, p.120, §8, p.121, - et leur philosophie dans sa jeunesse, *Eth.*, *V*, praefatio, p.11 (non paginée). - Il a essayé de l'améliorer, *Ibid.*, p.11 (non paginée).
- Il a utilisé les termes employés par eux en les adaptant, *Log.*, not. §192, p.212.

- Il s'est efforcé de rendre distinctes leurs notions confuses, *Horae, I,* p.315.
- Il n'a utilisé leurs principes que lorsqu'ils lui semblaient certains, *Eth., V,* p.15 (non paginée).

Varia

- Ils ont couvert d'éloges Aristote, *Cosmo.*, not. §116, p.103, - et l'ont considéré comme leur maître, *Eth., I,* not. §333, p.521.
- Leur définition de la sagesse, *Psycho. rat.*, not. § 678, p.607.
- Ils ont préféré les disciplines théoriques aux pratiques, *Horae, I,* p.472[x].
- Ils ont appelé spéculative la théologie dogmatique, *Horae, III,* p.480.
- La philosophie a fait peu de progrès tant qu'on a respecté à la lettre leur doctrine, *Disc. prael.*, not. §169, p.101.
- Le mépris dans lequel était tenue leur philosophie, *Horae, I,* p.212, 246[x], - après l'appel de Descartes à chasser les notions confuses et obscures, *Ont.*, §7, p.4.
- Leibniz les avait lus, *Luc. com.*, praefatio, p.8[x].

SCHOOTEN Franciscus (1615-1660) mathématicien et philosophe hollandais
- Son traité des sections coniques, *Ont.*, not. §260, p.213.

SCHOTTUS Casparus (1608-1666) jésuite mathématicien allemand
- Sur la façon de communiquer à distance, *Melet.*, sect. 2, n.3, p.256-257.

SCHREIBERUS Joannes Fridericus (1705-1760) médecin allemand
- Il a prôné l'extension de la méthode mathématique à la médecine, *Psycho. emp.*, not. §399, p.306.

SCHWARZIUS Josua (1632-1701)
- theologiae in Academia Lundinensi Professor [Lutheranus], *Horae, I,* p.219.
- Ses attaques contre Puffendorf, *Horae, I,* p.219-220, *Horae, II,* p.392, 393, 398, 399, 401-402, 404, 405, 412, 414, 422, 426.

SCOTUS DUNS (1226-1308)
- Doctor subtilis, *Psycho. rat.,* not. §752, p.669.
- Sa définition de la conception distincte, *Ont.,* not. §485, p.371.
- Sur l'usage des propositions identiques dans les démonstrations, *Log.,* not. §364, p.362, *Melet.,* sect. 3, n.3, p.20.
- La volonté de Dieu détermine les contingents avant que son entendement les connaisse, *Luc. com.,* §12, p.34.
- Wolff lui a prêté à tort d'avoir soutenu que les âmes des bêtes sont immatérielles et indestructibles, *Psycho. rat.,* not. §752, p.669, not. §769, p.680. Il s'agit en fait de Scot Erigène.

SENECA (circa 4-65)
- Citation de son aphorisme : *longum iter per praecepta, breve per exempla, Psycho. rat.,* not. §157, p.124, *Eth., I,* not. §112, p.173, *Horae, III,* praefatio, p.16 (non paginée), *Melet.,* sect. 3, n.7, p.132.

SENNERTUS Daniel (1572-1637)
- Medicus [Germanus] magni nominis, *Cosmo.,* not. §145, p.125.
- Il a adopté la définition aristotélicienne de la nature, *Ibid.,* p.125.
- Il s'est inspiré de la doctrine de Galien sur l'usage des parties du corps pour définir les parties similaires, *Cosmo.,* not. §249, p.193 (Cit. : *Institutionum Medicinae Libri V*), *Ibid.,* §250, p.193.
- Il a rapporté que l'opinion d'Avicenne au sujet de la permanence des éléments et de leurs qualités dans les mixtes a été approuvée par la plupart des médecins, *Cosmo.,*

not. §263, p.202.
- Sa description de l'état extatique, *Theo. nat., I,* not. §475, p.444 (Cit. : *Medicina practica,* lib.I, pars 2, c.30).

SERENUS Antinous (saec. V) mathématicien romain
- Mersenne a rassemblé ses définitions et ses propositions sans leurs démonstrations, *Log.,* not. §863, p.621.

SERERIUS Josephus (1698-1740) médecin italien
- Il a traduit en italien le *Mathematisches Lexicon* de Wolff, *Eth., I,* not. §317, p.492.

SERLIUS Sebastianus (1475-1554) mathématicien italien
- La courbe de ses arches est une ellipse apollinienne, *Log.,* not. §737, p.534-535, *Theo. nat., II,* not. §137, p.121-122.

SEXTUS EMPIRICUS (saec. II a.c.)
- Il a souligné que les Sceptiques n'ont pas nié les phènomènes, *Ont.,* not. §27, p.16, *Psycho. rat.,* not. §41, p. 27.
- Il s'est efforcé d'expliquer la faiblesse de l'entendement humain, *Ibid.,* not. §42, p.28.

SHARPIUS Abrahamus (1651-1742) mathématicien anglais
- Sur les solides qui peuvent naître de la section des sphères et des autres corps, *Ont.,* §634, p.486.

SHAW Petrus (saec. XVIII)
- vir de arte salutari et scientia naturali bene meritus, *Log.,* not. §772, p.552, - Medicus Anglus, *Cosmo.,* not. §65 p.63.
- Son *compendium* des oeuvres de Bayle, *Log.,* not. §772, p. 552, *Cosmo.,* not. §65, p.62.

SIMONIDES Ceius (566-467) poète grec
- D'aprés Cicéron, il est l'inventeur de l'*ars mnemonica, Psycho. emp.,* not. §204, p.142.

SLUSIUS Renatus Franciscus (1622-1685) géomètre flamand
- Sa méthode pour construire les équations cubiques et biquadratiques, *Log.*, not. §785, p.563-564.

SNELLIUS Willebrordus (1591-1626) mathématicien hollandais
- Il a jeté les fondements de la dioptrique, *Horae, II*, p.164.

SOCINUS Faustus (1539-1604) et Sociniani
- Négation de la théologie naturelle, *Theo. nat., I*, not. §23, p.24.
- Négation de la prescience divine des futurs contingents, *Ont.*, not. §75, p.55, *Psycho. rat.*, not. §628, p.565, *Eth., III*, not. §52, p.105, *Luc. com.*, not. §13, p.40, §15, p.47, 49, *Monit.*, §6, p.11, *Melet.*, sect. 1, n.35, p.146. - Elle détruirait la liberté humaine, *Psycho. rat.*, not. §633, p.573-574. - Ces futurs n'ont pas de vérité déterminée, pas plus que les actions libres, thèse combattue par Musaeus, *Cosmo.*, not. §107, p.96, *Psycho. rat.*, not. §633, p.573, *Monit.*, §6, p.11, §15, p.30, - à laquelle se rattache la doctrine des décrets temporaires, *Theo. nat., I*, praefatio, p.24[x], *Theo. nat., II*, not. § 603, p.590, *Luc. com.*, §15, p.47, 49, 50.
- Confusion de la nécessité hypothétique et de la nécessité absolue, *Ont.*, not. §318, p.250, *Monit.*, §14, p.25, §16, p.31, *Melet.*, sect. 1, n.35, p.144.
- L'âme peut se décider sans motifs et même contre eux, *Theo. nat., I*, not. §233, p.210.
- La conception du Christ comme nouveau législateur, *Melet.*, sect. 3, n.14, p.191.

SOCRATES (468?-400?)
- D'après le *Phédon*, on peut se demander s'il n'a pas nié la persistance de l'individualité morale après la mort, *Melet.*, sect. 3, n.5, p.127.
- Accusé d'impiété par Anytus, *Disc. prael.*, not. §169, p.101, - et Melitus, *Horae, II*, p.374, 375, 396, 401, 403, 404, 419, 424.

- L'attitude de ses persécuteurs, *Log.*, not. §1051, p. 752. - Ses démêlés avec les Sophistes, son procès, *Horae, II*, p.371-378, 388-390, 392, 396, 397, 398, 401, 403, 406, 414, 419, 424, - et sa condamanation à mort; ce qu'en a rapporté Stanley, *Disc. prael.*, not. §169, p. 101, *Horae, II*, p.375, 376, 377, 399.

SOLBRIGIUS David (saec. XVIII) pasteur allemand, membre de la société prussienne des sciences
- Sur l'emploi de la langue universelle, *Psycho. emp.*, not. §307, p.222.

SPINOZA Benedictus de (1636-1677)
- Autor damnatus, *Luc. com.*, §16, p.52, - nemo non est Theologorum ac recte sentientium Philosophorum, qui non fateatur, hominem profanum existentiam Dei negasse, ipsumque atheismum reum postulet, *Theo. nat., II*, praefatio, p.13[x], - famosissimi athei nomen unanimi Theologorum consensu dudum adeptus, *Eth., I*, not. §104, p.155, - famosissmimus ... atheus, vitam tamen vixit honestam, temperans, sorte sua contentus, justus erga alios et ad aliorum commoda promovenda pronus, *Theo. nat., II*, not. §501, p.487, - invisor homo, *Horae, I*, p.213.

Attributs et modes

- Définition de l'attribut, *Theo. nat., II*, §673 et not., p.675 (Cit. : *Ethica*, pars I, def.4). - Il l'a confondu avec les déterminations essentielles, *Ibid.*, §679 et not., p.680-682 (Cit. : *Ethica*, pars I, prop. 10, prop. 8, schol. 2). - L'introduction de la notion de substance dans celle de l'attribut n'est pas correcte, *Ibid.*, § 680 et not., p.682-683.
- Chaque attribut exprime une essence éternelle et infinie, *Theo. nat., II*, not. §672, p.675 (Cit. : *Ethica*, pars I, def.6), - et doit être conçu *per se*, *Ibid.*, not. §674, p.676, not. §691, p.698 (Cit. : *Ethica*, pars I, prop. 10, def.1).
- Définition de *per se concipitur*, *Ibid.*, not. §690, p.

697 (Cit. : *Ethica,* pars I, prop.8, schol.2).
- Définition du mode, *Ibid.,* §686, p.676-677 (Cit. : *Ethica,* pars I, def.5).
- Il n'a pas distingué les modes des attributs proprement dits, *Ibid.,* §681 et not., p.683-684 (Cit. : *Ethica,* pars I, def.5, axioma 1, prop.8, schol.2). - Il a opposé le mode à la substance et l'a confondu avec l'être *ab alio, Ibid.,* §682 et not., p.684-686) (Cit. : *Ethica,* pars I, def.5, def.3, axiom. 1,2).

Caractéristiques de sa doctrine

- Son fondement est à chercher dans l'affirmation de l'unicité de la substance, et non dans la confusion de Dieu avec la nature, ***Theo.*** *nat., II,* §671 et not., p. 672-674 (Cit. : *Ethica,* pars I, def.6, prop.23, prop. 14, cor.2, pars II, def.1), - ni dans la défense du fatalisme universel, *Ibid.,* §678 et not., p.679-680. - Il réside dans une fausse conception de la liberté divine, *Cosmo.,* not. §562, p.438.
- Sa doctrine repose sur des principes précaires, confus et ambigus, *Theo. nat., II,* not. §672, p.674, not. §674, p.675, not. §682, p.685, not. §685, p.689, §687 et not., p.692-694.
- Pas de place en elle pour la religion, *Ibid.,* §714 et not., p.726-728, - ni pour l'obligation divine de poser des actions bonnes et d'omettre les mauvaises, *Ibid.,* §715 et not., p.728-729.
- Elle diffère peu de l'athéisme et est aussi nocive que lui, même davantage, *Ibid.,* §716 et not., p.729-730.

Dieu

- Sa définition, *Theo. nat., II,* not. §671, p.673 (Cit. : *Ethica,* pars I, def.6), §672 et not., p.674-675 (Cit. : *Ethica,* pars I, def.6, pars II, prop.33, pars I, def. 4, prop.9), *Luc. com.,* §17, p.54 (Cit. :*Ethica,* pars I, def.6).
- Dieu est l'être absolument parfait qui existe néces-

sairement, *Theo. nat., II*, praefatio, p.12x-13x. - Il est *res cogitans*, *Luc. com.*, §23 (marqué : §22), p.77.
- L'étendue et la pensée font partie de ses attributs, *Theo. nat., II*, not. §671, p.673 (Cit. : *Ethica*, pars I, prop.14, cor.2), not. §694, p.702.
- Définition de la *causa sui*, *Ibid.*, §675, p.676 (Cit. : *Ethica*, pars I, def.1).
- La définition spinoziste de la liberté ne convient qu'à Dieu, *Disc. prael.*, not. §167, p.96 (Cit. : *Ethica*, pars I, def.7), - qui est seul cause libre, *Ibid.*, not. §710, p.723 (Cit. : *Ethica*, pars I, prop.17, cor. 2).
- Négation de toute liberté dans la création et dans l'action divine, *Psycho. rat.*, not. §544, p.466, not. §623, p.557, *Theo. nat., II*, not. §295, p.266, *Luc. com.*, §10, p.29 (Cit. : *Ethica*, pars I, prop.16), § 13, p.38 (Cit. : *Ethica*, pars I, prop.33, cor.1), § 16, p.52. - Le décret de Dieu n'est pas libre, *Ont.*, not. §299, p.240. - Il est déterminé à créer par son essence, *Theo. nat., II*, not. §355, p.318, - dont la création est une émanation nécessaire, *Theo. nat., I*, not. §57, p.46, not. §803, p.790, not. §806, p.794. - Il n'aurait pu produire les choses d'une autre façon, *Theo. nat., II*, §709, p.721 (Cit. : *Ethica*, pars I, prop.29, prop.32), §713, p.725 (Cit. : *Ethica*, pars I, prop.33).
- Le décret divin fait que les choses existent nécessairement, *Luc. com.*, §13, p.37 (Cit. : *Cogitata metaphysica*, I,3).
- Dieu peut agir selon une infinité de modes qui suivent de la nature de ses attributs, *Ibid.*, not. §672, p.674 (Cit. : *Ethica*, pars II, prop.3).
- Une chose a d'autant plus de réalité qu'elle a davantage d'attributs, *Ibid.*, not. §672, p.674 (Cit. : *Ethica*, pars I, prop.9).
- La distinction entre *natura naturans* et *natura naturata*, *Theo. nat., I*, not. §696, p.705 (Cit. : *Ethica*, pars I, prop.29, schol.).
- Il a confondu Dieu avec la nature, *Eth., I*, not. §213,

p.320, *Luc. com.*, §16, p.52. - Leibniz semble avoir accepté l'opinion de ceux qui prétendent qu'il a été conduit à cette erreur par le système des causes occasionnelles, *Psycho. rat.*, not. §605, p.531. - Il a confondu la puissance de la nature avec celle de Dieu, *Cosmo.*, §514, p.399, - et a fait de la nature un non-être, *Theo. nat.*, *II*, §696 et not., p.703-706 (Cit. : *Ethica*, pars I, prop.29, schol., pars II, def.2, pars I, prop.25 cor., pars II, def.1).
- La puissance par laquelle Dieu produit les corps n'est que modificatrice, *Ibid.*, §695 et not., p.703. - Il a restreint la puissance de Dieu à ce qui se fait, *Luc. com.*, §11, p.31.
- En raison de sa doctrine de la nécessité, il a prétendu que Dieu n'agit pas en vue d'une fin, *Theo. nat.*, *II*, not. §295, p.266.
- Rien ne peut exister, ni être compris sans Dieu, *Luc. com.*, *I*, §17, p.54 (Cit. : *Ethica*, pars I, prop. 15).
- Dans le *Tractatus Theologico-Politicus*, lorsqu'il parle de Dieu, il n'a pas assez distingué entre les notions réelles et les notions imaginaires, *Horae*, *III*, p.411.
- A propos de la façon dont Dieu s'est révélé aux auteurs sacrés, *Theo. nat.*, *II*, praefatio, p.12[x], not. §160, p.145, not. §165, p.151, not. §558, p.540.
- Critique de la thèse que toute réalité infinie et, en particulier la pensée infinie, est constituée par une infinité de réalités finies, *Ibid.*, §706 et not., p.715-717.

Etendue et corps

- Il n'a eu qu'une notion confuse de l'étendue, *Theo. nat.*, *II*, §688 et not., p.694-695. - C'est à tort qu'il l'a considérée comme une réalité, *Ibid.*, §689 et not., p.695-696. - L'étendue, au sens spinoziste, n'est pas conçue par soi, *Ibid.*, §690 et not., p.696-698 (Cit. : *Ethica*, pars I, prop.8, schol.2), - et ne peut être un attribut de Dieu, *Ibid.*, §691 et not., p.698 (Cit. : *Ethica,* pars I, prop.10), §692 et not., p.698-699. - Il n'a pas prouvé que l'étendue infinie est possible, *Ibid.*, §693 et not., p.699-701.

Fatalisme universel

- Sur la nécessité fatale, *Melet.*, sect. 1, n.35, p. 146, *Ont.*, not. §297, p.238, not. §299, p.240, *Cosmo.*, not. §105, p.95, *Psycho. rat.*, not. §544, p.466, *Theo. nat.*, *I,* not. §903, p.879, not. §924, p.898, *Theo. nat.*, *II,* not. §295, p.266, *Log.*, not. §784, p.561, not. § 1065, p.760, *Eth.*, *I,* not. §213, p.320, *Luc. com.*, §6, p.13, §7, p.16, §11, p.31, §14, p.42-43, §16, p.52.
- Il a défendu le fatalisme universel, *Theo. nat.*, *II,* §709 et not., p.721-722 (Cit. : *Ethica,* pars I, prop. 16, 29, 32 et cor.1, 33, pars II, prop.48, pars I, Appendix), - en prônant la nécessité absolue des choses matérielles et en niant la liberté de l'âme humaine, *Theo. nat.*, *II,* not. §528, p.509, *Luc. com.*, §7, p.15, 17, §13, p.38 (Cit. : *Ethica,* pars I, prop.33), §16, p.52, §23 (marqué : §22), p.75. - Il ne l'a pas démontré, *Theo. nat.*, *II,* §710 et not., p.722-723 (Cit. : *Ethica,* prop.16, 17 cor.2).
- Il a dérivé de l'essence de Dieu la nécessité absolue de toutes choses, *Ont.*, not. §315, p.248, *Cosmo.*, not. § 109, p.97, *Theo. nat.*, *I,* not. §806, p.794, *Theo. nat.*, *II,* §709, p.721 (Cit. : *Ethica,* pars I, prop.29), §710, p.722 (Cit. : *Ethica,* pars I, prop.16).
- L'ordre de la nature est absolument nécessaire, *Cosmo.*, not. §561, p.437, *Horae*, *II,* p.661, 664, - parce que Dieu n'est pas libre dans son agir, *Theo. nat.*, *I,* not. §665, p.619. - Sur l'enchaînement nécessaire des choses, *Ibid.*, not. §903, p.879, not. §928, p.902. - Il a tenu les lois du mouvement pour nécessaires, *Luc. com.*, §11, p.31.
- En raison de sa doctrine de la nécessité, il a dépourvu les choses de leurs perfections et éliminé la finalité, *Cosmo.*, not. §540, p.423, *Theo. nat.*, *I,* not. §660, p.

612, not. §665, p.619, not. §667, p.621, *Luc. com.*, § 6, p.13, §10, p.30 (Cit. : *Ethica,* pars IV, praefatio), *Ibid.*, §11, p.31. - C'est une erreur, *Theo. nat.*, *II,* §712 et not., p.725. - Il n'a pas reconnu la perfection de l'ordre de la nature, parce qu'il l'a rattaché au principe de contradiction, *Cosmo.*, not. §562, p.438.

<u>Fini, choses particulières</u>

- Sa définition de la chose finie en son genre, *Theo. nat., II* §677, p.677, 679 (Cit. : *Ethica,* pars I, def. 2), - est erronée, *Ibid.*, §686 et not., p.690-692 (Cit. : *Ethica,* pars I, def.2).
- Il n'a pas correctement défini le fini, *Ibid.*, §685 et not., p.687-689 (Cit. : *Ethica,* pars I, def.2).
- Ce qui appartient à l'essence des choses, *Ibid.*, not. §696, p.705 (Cit. : *Ethica,* pars II, def.2).
- Les choses particulières sont des modes des attributs de Dieu, *Ibid.*, not. §671, p.673. - Elles expriment son essence, *Ibid.*, not. §696, p.705 (Cit. : *Ethica,* pars I, prop.25, cor.), *Ibid.*, not. §708, p.720 (Cit. : *Ethica,* pars II, def.1). - Critique de cette thèse, *Ibid.*, § 694 et not., p.701-703, §707 et not., p.717-719.
- On ignore si les causes des choses sont déterminées à les produire, *Luc. com.*, §7, p.16 (Cit. : *Ethica,* pars IV, def.4).
- La connaissance de l'effet dépend de celle de la cause, *Theo. nat., II,* not. §699, p.710-711 (Cit. : *Ethica,* pars I, axiom. 4).
- Le progrès à l'infini des causes, *Luc. com.*, §16, p.52 (Cit. : *Ethica,* pars I, prop.28).
- La façon dont le corps et l'âme sont limités, *Ibid.*, §686, p.690 (Cit. : *Ethica,* pars I, def.2).
- Définition du corps fini, *Ibid.*, §685, p.689 (Cit. : *Ethica,* pars I, def.2).
- Le corps exprime l'essence divine en tant qu'elle est représentée *ut res extensa, Ibid.*, not. §671, p.673, not. §694, p.702, not. §696, p.705, not. §708, p.720 (Cit. :

Ethica, pars II, def.1, prop. 10 cor.).
- L'esprit humain est une partie de l'entendement divin; critique de cette thèse, *Ibid.,* §708 et not., p.719-720 (Cit. : *Ethica,* pars II, prop. 11 et cor.).
- L'âme et le corps sont une seule et même chose, *Ibid.,* not. §671, p.673-674 (Cit. : *Ethica,* pars II, prop. 29, schol.). - Il s'ensuit que l'ordre des actions et des passions du corps est *simul natura* avec celui des actions et des passions de l'âme, *Luc. com.,* §20, p.63-64 (Cit. : *Ethica,* pars II, prop.7, schol., pars III, prop.2, schol.).
- L'ordre et la connexion des idées sont identiques à l' ordre et à la connexion des choses. Et c'est pourquoi l' ordre et la connexion des idées dans l'esprit suivent l' ordre et la connexion des affections du corps, *Luc. com.,* §20, p.64 (Cit. : *Ethica,* pars V, prop.1 dem.).
- Il n'appartient pas à l'essence de l'homme d'être une substance, *Theo. nat., II,* not. §708, p.720 (Cit. : *Ethica,* pars II prop.10).
- Sa volonté n'est pas libre, il le croit seulement, *Ibid.,* §709, p.721 (Cit. : *Ethica,* pars II, prop.48, pars II, Appendix).

Miracle

- Définition, *Cosmo.,* not. §514, p.399 (Cit. : *Tractatus Theologico-Politicus,* c.6).
- Négation de sa possibilité, *Cosmo.,* not. §515, p.400, not. §516, p.401, not. §524, p.407, not. §528, p.410, *Psycho. rat.,* not. §623, p.557, *Luc. com.,* §16, p.52. - Elle tient à la doctrine de la nécessité absolue, *Cosmo.,* not. §103, p.94, not. §524, p.407, *Psycho. rat.,* not. §623, p. 557, - en vertu de laquelle il considérait les lois du mouvement comme nécessaires, *Cosmo.,* not. §528, p.410. - C'est une erreur, *Theo. nat., II,* §713 et not., p.725-727 (Cit. : *Ethica,* pars I, prop.33, *Tractatus Theologico-Politicus,* c.6). - Accord de Locke avec lui sur ce point, *Cosmo.,* not. §514, p.399, not. §515, p.400.

Possible, contingent, impossible, nécessaire

- La définition du possible dans les *Cogitata metaphysica, Ont.*, not. §99, p.80 (Cit. : ce texte, I,3).
- N'est possible que ce qui existe en acte, *Cosmo.*, not. §97, p.88, 89, not. §100, p.92, *Psycho. rat.*, not. §544, p.466, *Theo. nat., II*, not. §295, p.266, *Luc. com.*, §23 (marqué : §22), p.76. - Les possibles qui ne peuvent pas être actualisés sont des chimères, *Monit.*, §6, p.11.
- Il n'a admis que la possibilité extrinsèque, *Cosmo.*, not. §111, p.99, - et a considéré la possibilité intrinsèque comme une fiction, *Theo. nat., II*, not. §295, p. 266, not. §341, p.306, - due à un défaut de notre connaissance, *Luc. com.*, §7, p.16 (Cit. : *Ethica*, def.4, *Cogitata metaphysica*, I,3).
- Le possible dépend du décret divin, *Luc. com.*, §11, p. 30, §12, p.34. - Il a situé la source de la possibilité, et donc des essences des choses, dans la volonté de Dieu, *Ibid.*, §11, p.31.
- Il n'a pas admis d'autre monde possible que celui qui existe, *Luc. com.*, §8, p.22, 23 (Cit. : *Ethica*, pars IV, def.3, *Cogitata metaphysica*, I,3), §11, p.30. - Il a nié toute contingence dans le monde, *Ibid.*, §6, p.13, §10, p. 29 (Cit. : *Ethica*, pars I, prop. 33,29,16,17 schol., 37), *Monit.*, §2, p.5 (Cit. : *Cogitata metaphysica*, I,3).
- Sa définition de l'impossible *Ont.*, not. §99, p.80, - et du nécessaire, *Luc. com.*, §8, p.20, 21 (Cit. : *Cogitata metaphysica*, I,3). - Parenté de sa doctrine sur ce point avec celle des partisans des idées arbitraires, *Ibid.*, §8, p.21.
- Il a défini la nécessité des choses, en l'opposant à la liberté, par la coaction, *Luc. com.*, §8, p.22 (Cit. : *Ethica*, pars I, def.7).
- Si Dieu a décidé qu'une chose soit, elle existe nécessairement, sinon il est impossible qu'elle existe, *Ibid.*, §13, p.37 (Cit. : *Cogitata metaphysica*, I,3).

Rapports de Wolff avec Spinoza

- Wolff accusé de spinozisme, *Melet.*, sect. 1, n.35, p.

144, - par Lange qui a prétendu que la définition de Dieu donnée par lui est spinoziste, *Luc. com.*, §17, p. 54, - ainsi que ce qu'il a dit de la série infinie des causes, *Ibid.*, §16, p.52.
- La doctrine métaphysique de Wolff sur Dieu, l'âme et le monde n'est pas tirée de celle de Spinoza, *Luc. com.*, praefatio, p.9[x], §23 (marqué : §22), p.75, *Monit.*, §11, p.19.
- Wolff n'a pas employé le terme spinoziste de *concatenatio*, *Monit.*, §16, p.30-31.
- Le combat de Wolff contre le Spinozisme, *Log.*, not. § 784, p.561, *Cosmo.*, not. §514, p.399, not. §527, p.410, *Eth.*, *I*, not. §104, p.156, not. §216, p.325, *Luc. com.*, praefatio, p.10[x].
- Wolff a distingué le miracle de ce qui est naturel contre Spinoza, *Cosmo.*, praefatio, p.15[x].

Substance

- Sa définition, *Disc. prael.*, not. §167, p.96, *Theo. nat.*, *II*, §674 et not., p.675-676 (Cit. : *Ethica*, pars I, def.6). - Il a confondu la substance avec l'être *a se*, *Disc. prael.*, not. §167, p.96 (Cit. : *Ethica*, pars I, def.3), *Theo. nat.*, *II*, §684, p.687. - Il n'a pas pris le terme substance dans le sens reçu, *Ibid.*, §683 et not., p.686-687 (Cit. : *Ethica*, pars I, def.3).
- Il n'a pas démontré qu'il ne peut y avoir dans la nature deux ou plusieurs substances de même attribut, *Ibid.*, §697 et not., p.706-708 (Cit. : *Ethica*, Pars I, prop.5), §698 et not., p.708-709, - ni qu'une substance ne peut être produite par une autre, *Ibid.*, §699 et not., p.709-711 (Cit. : *Ethica*, pars I, axioma 4), - ni que la substance existe nécessairement, *Ibid.*, §700 et not., p. 711-712, §701 et not., p.712-713, - ni non plus qu'elle est nécessairement infinie, *Ibid.*, §702 et not., p.713, §703, p.714, - ni enfin qu'en dehors de Dieu ne peut être conçue et donnée une autre substance, *Ibid.*, §704 et not., p.714-715 (Cit. : *Ethica*, pars I, prop. 14), §705 et not., p.715.

Varia

- Il avait l'esprit systématique, mais en a abusé, *Horae, I,* p.126, 129.
- Son mauvais usage de la méthode démonstrative, *Disc. prael.,* not. §167, p.96, *Eth., I,* not. §104, p.155-156.
- Il a nié les mystères de la religion chrétienne, *Luc. com.,* §16, p.52.
- D'après Lange la doctrine de Leibniz, notamment le système de l'harmonie préétablie est d'inspiration spinoziste, *Luc. com.,* §18, p.60-61, §20, p.63, *Monit.,* §18, p.34, *Melet.,* sect. 1, n.35, p.148.

STAHLIUS Georgius Ernestus (1660-1734)
- Medicus nuper in Academia nostra non illecebris, *Eth., III,* not. §24, p.39, - Medicum illum celebrem, *Ont.,* §793, p.594.
- Ses objections contre l'harmonie préétablie, *Psycho. rat.,* not. §612, p.542.
- Sa conception des *minima naturae* qui composent la matière, *Ont.,* not. §793, p.594.
- L'anatomie subtile n'est d'aucun usage en médecine, *Eth., III,* not. §24, p.39.

STANLEIUS Thomas (1625-1778) philologue anglais
- Ce qu'il a rapporté des réactions d'Aristote face à la conspiration des Athéniens contre lui, *Horae, II,* p.371, - du procès et de la condamnation de Socrate, *Ibid.,* p.375, 376, 377.

STEIANUS Joannes Hospinianus (1516-1576)
- Professor organi Basileensis, *Melet.,* sect. 1, n.37, p.168.
- Avant Leibniz, il a exposé l'usage des quatre figures du syllogisme et de chacun de leur six modes, *Ibid.,* p.168.

STIEBRITZIUS Joannes Fridericus (saec. XVIII)
- Collega noster conjunctissimus ... vir longe doctissi-

mus, *Melet.*, sect. 3, n.12, p.169.
- La préface de Wolff à son *Compendium* de la philosophie wolffienne, *Ibid.*, p.167-169.

STIRLING Jacobus (1692-1766?) mathématicien anglais
- Son exposé sans leur démonstration des inventions de Newton sur les courbes du second genre, *Ont.*, §246, p. 201.

STOBAEUS Joannes (saec. V)
- D'après lui Ecphante est le premier à avoir considéré les monades pythagoriciennes comme corporelles et Posidonius a estimé que la matière n'a ni forme, ni qualités, *Ont.*, not. §486, p.518.

Stoici
- Leur système, *Monit.*, §18, p.34.
- Sur leur *fatum*, *Theo. nat.*, *I*, not. §1078, p.1043, *Monit.*, §11, p.18, - considéré par les uns comme un lien très sage des choses et par les autres comme un enchaînement nécessaire, *Theo. nat.*, *I*, not. §928, p.902, *Theo. nat.*, *II*, not. §528, p.510.
- Ils défendaient l'éternité du monde et sont tombés dans le *progressus in infinitum circularis*, *Theo. nat.*, *II*, not. §467, p.435, not. §477, p.449.
- Ils semblent n'avoir admis de volonté que dans le cas où le jugement est conforme à la raison, *Psycho. emp.*, § 886, p.667.
- Ils considéraient toutes les passions comme mauvaises, *Eth.*, *II*, not. §527, p.643.
- Lange a prétendu que la doctrine de Leibniz est d'inspiration stoïcienne, *Monit.*, §18, p.34.

STURMIUS Joannes Christophorus (1635-1703)
- Professor quondam Matheseos et Physicae Altorfinus, *Log.* not. §941, p.668, *Horae*, *III*, p.473, - Celeberrimus ... in Academia Altorfina, *Monit.*, §15, p.29, - eclecticum egerit nec ulli philosophorum sectae se mancipaverit, *Psycho. rat* not. §589, p.513, - philosophiam eclecticam excoluit, *Luc.*

com., §19, p.62.
- Il a introduit les collèges expérimentaux dans les académies allemandes, *Log.*, not. §941, p.668.
- Ses expériences sur l'audition, *Melet.*, sect. 2, n.3, p.261.
- A propos de sa *Mathesis enucleata, Ratio,* sect. 2, c. 2, §16, p.124, - où les démonstrations sont souvent incomplètes, *Log.*, not. §857, p.615-616.
- Il a combattu la nature comme une idole, *Cosmo.*, not. §508, p.395, *Psycho. rat.*, not. §605, p.532, *Theo. nat.*, *II,* not. §696, p.704.
- Leibniz lui a reproché d'avoir confondu Dieu avec la nature, *Psycho. rat.*, not. §605, p.531.
- Il a défendu le système des causes occasionnelles, *Ont.*, §761, p.569, *Psycho. rat.*, not. §589, p.513, *Luc. com.*, §19, p.62, *Monit.*, §15, p.29-30, *Horae, I,* p.210,
- et établi un lien nécessaire entre ce système et la démonstration de l'existence de Dieu, *Psycho. rat.*, not. §596, p.518, not. §628, p.565.
- Selon lui les philosophes ont toujours reconnu que les composés se résolvent en parties indivisibles, que Pythagore a appelées monades et Epicure, pour la première fois, atomes, *Ont.*, not. §686, p.518.
- Dans un écrit posthume il a argumenté en faveur des mystères chrétiens à partir de ceux des mathématiques, *Horae, III,* p.473.
- La préface de Wolff à sa *Physica electiva, Melet.*, sect. 3, n.8, p.140-147. - Le commentaire oral par celui-ci de ses ouvrages de mathématiques, *Ratio*, sect. 2, c.2, §16, p.124.

STURMIUS Junior, Leonardus Christophus (1669-1719) fils du précédent
- Professor quondam Matheseos in Academia Francofurtana, *Eth.*, *I,* not. §398, p.629.
- Faute d'avoir compris les définitions de la mécanique et de la statique, il n'a pas saisi correctement le théorème fondamental de l'équilibre des corps, *Ibid.*, p.629.

SUAREZIUS Franciscus (1548-1617)
- e Societate Jesu, quem inter Scholasticos res metaphysicas profundius meditatum esse constat, *Ont.*, §169, p.138.
- Ses définitions : de l'essence et de la nature, *Ont.*, §169 et not., p.138-139 (Cit. : *Disputationes metaphysicae, Disp. 2,* sect. 4, §6), - de la vérité transcendantale, *Ont.*, §502, p.387-388 (Cit. : *Disp. 8,* sect. 7, §24), *Ibid.*, p.389, - de la bonté transcendantale, *Ont.*, §527, p.409-410 (Cit. : *Disp. 10,* sect. 1, §12), - du temps, *Ont.*, §586, p.452, - du simple, *Ont.*, §684, p. 515 (Cit. : *Disp. 30,* sect. 3, §3).
- Il semble ne pas avoir été favorable à la preuve *a priori* de l'existence de Dieu, *Eth.*, *III*, not. §13, p. 17.

SWEDENBORGIUS Emmanuel (1688-1722)
- Collegii metallici in Suecia assessor, *Disc. prael.*, not. §24, p.11.
- A propos de la conservation de la chaleur du feu de charbon, *Ibid.*, p.11 (Cit. : *Nova observata et inventa ...*, p.8-10).

Systema causarum occasionalium
- Le second des trois systèmes d'explication des rapports de l'âme et du corps, *Psycho. rat.*, §553, p.474, - dû à Descartes, perfectionné par Malebranche et Cordemoy, défendu par François Lamy, Regius, Andala et Sturm, *Psycho. rat.*, not. §589, p.513, not. §612, p.542, *Luc. com.*, § 19, p.62, *Monit.*, §15, p.29.
- Wolff, qui en avait d'abord été partisan, l'a abandonné sous l'influence de Leibniz, *Ratio*, sect. 2, c.3, §8-11, p.143-145, *Melet.*, sect. 1, n.34, p.139.
- Présentation et explication, *Psycho. rat.*, §590-594, p. 514-517, §597-602, p.518-526, §605 et not., p.530-532, § 609 et not., p.536-538, not. §717, p.638.
- Il fait perpétuellement appel au miracle, selon Leibniz, *Ibid.*, §603 et not., §604 et not., p.526-530, *Luc. com.*, §19, p.62, §21, p.70.

Systema causarum occasionalium-Systema harmoniae praestabilitae

- Il contredit le principe de raison suffisante, *Psycho. rat.*, §606 et not., p.532-534.
- Il est contraire à l'ordre de la nature, *Ibid.*, §607 et not., p.534-535, *Luc. com.*, §19, p.62, - notamment à la loi qui stipule que se conserve toujours la même quantité de mouvement, *Luc. com.*, §24 (marqué : §23), p.78-80.
- Dans ce système l'âme peut être unie à n'importe quel corps, *Psycho. rat.*, §719 et not., p.640-642, *Theo. nat.*, *I*, not. §59, p.48, - et dans n'importe quelle série de choses, *Psycho. rat.*, §720 et not., p.643-644. - Cette union est sans raison suffisante, *Ibid.*, §721 et not., p.645-646. - Elle est arbitraire, *Ibid.*, §722 et not., p.647, - et est due à la seule volonté de Dieu, *Ibid.*, §725, p.650.
- Les actions mauvaises externes, *physice spectatae*, y sont effectuées selon un ordre particulier qui perturbe celui de la nature, *Theo. nat.*, *I*, not. §572, p.521, § 573 et not., p.522-525.
- Il n'est pas probable, *Psycho. rat.*, §608, p.535-536.
- Il ne détruit pas la liberté, contrairement à ce qu' a prétendu Jaquelot, *Psycho. rat.*, §610 et not., p.538-540, - qui le tient pour une pure illusion, *Luc. com.*, §19, p.63.
- Il permet d'éclairer comment Dieu peut conférer à un autre être le pouvoir d'accomplir un miracle, *Theo. nat.*, *I*, not. §472, p.441-442.
- Dieu n'y est pas confondu avec la nature, *Psycho. rat.*, §605, p.530.
- Les Cartésiens modernes ont estimé que celui de Leibniz en est l'explication, *Monit.*, §15, p.30.

Systema harmoniae praestabilitae
- Le troisième des systèmes d'explication des rapports de l'âme et du corps, dû à Leibniz, *Psycho. rat.*, §553, p.474.
- Les objections de Foucher, Bayle et les réponses de Leibniz; les objections de François Lamy, Tournemine, Newton, Clarke, Stahl, *Ibid.*, §612 et not., p.542, *Luc.*

com., §21, p.70.
- Selon Lange, ce système, tiré de Spinoza, *Melet.*, sect. 1, n.35, p.148, *Luc. com.*, §18, p.60, 61, §19, p.61, § 20, p.63, 65, §21, p.65, - est contraire à la liberté, *Log.*, not. §1040, p.746, *Psycho. rat.*, not. §625, p.559, not. §632, p.571, not. §633, p.573-574, not. §634, p. 575, - rend Dieu auteur du péché, *Psycho. rat.*, not. § 630, p.569, - supprime les opérations de la grâce et la religion chrétienne, *Ibid.*, not. §632, p.571, not. § 641, p.586.
- Les éloges des Jésuites de Trévoux, de des Bosses, Fontenelle, Bayle, Jaquelot, *Luc. com.*, §18, p.57-61, §19, p.63, - lequel l'a trouvé plus simple et plus clair que les deux autres, *Psycho. rat.*, not. §639, p.582-583.
- L'exposé qu'en ont fait Bilffinger et Wolff, qui prétend avoir été le premier à le présenter de façon complète, *Luc. com.*, §18, p.61, *Psycho. rat.*, not. §609, p. 538, not. §612, p.543.
- Présentation et explication, *Psycho. rat.*, §613-621, p.543-555, §624-627, p.557-562, §630-631, p.567-570, § 641-642, p.586-587.
- Tout s'y produit naturellement, sans miracles, *Ibid.*, §622-623, p.555-557, §629, p.566-568, *Theo. nat.*, *I*, not. §774, p.761, *Luc. com.*, §21, p.70, - contrairement à ce qu'a prétendu Newton, *Psycho. rat.*, not. §629, p. 567.
- Il ne détruit pas la contingence de l'univers, *Monit.*, §8, p.13-14, - ni la liberté, *Psycho. rat.*, §632-634, p. 570-575, *Log.*, not. §1041, p.746, not. §1071, p.765, not. §1115, p.786-787, not. §1198, p.838, *Horae*, *I*, p.321-322. - Les déclarations de Jaquelot sur ce point, *Log.*, not. §1040, p.746, not. §1072, p.766, *Psycho. rat.*, not. §633, p.572-573, *Luc. com.*, §21, p.66-70, *Monit.*, §9, p. 14, - celles des Jésuites de Trévoux, *Luc. com.*, §18, p. 57-58, §21, p.68, - et de Thümmig, *Log.*, not. §1073, p. 767.
- Le mécanisme du corps y est incompréhensible, mais pas dénué de probabilité, *Psycho. rat.*, §637 et not., p.577-579. - Les objections que lui ont opposées Bayle et Fou-

cher, *Psycho. rat.*, not. §617, p.549, *Luc. com.*, §21, p.70, *Eth.*, *III*, not. §39, p.81. - Sa défense par Jaquelot, *Psycho. rat.*, not. §633, p.572-573, *Luc. com.*, § 21, p.66-69.
- Dans ce système l'âme ne peut être unie qu'au corps auquel elle l'est, *Psycho. rat.*, §719 et not., p.640-643, - et dans la série au sein de laquelle cette union est réalisée, *Ibid.*, §720 et not., p.643-645. - Cela rend évident que l'âme n'est pas *a se*, *Theo. nat.*, *I*, not. §59, p.48.
- Cette union a sa raison suffisante dans l'essence et la nature de l'âme, *Psycho. rat.*, §721 et not., p.645-646. - Elle est naturelle, *Ibid.*, §722 et not., p.647, §723 et not., p.648-649. - C'est une véritable union, *Ibid.*, §724 et not., p.649.
- Dans ce système l'âme ne dépend que d'elle-même, *Luc. com.*, §21, p.68.
- Parce que l'âme y produit toutes ses sensations par sa seule force, elle se rapproche davantage de la nature divine que dans les deux autres, *Theo. nat.*, *II*, not. § 162, p.148, *Luc. com.*, §23 (marqué : 22), p.73-74.
- Sur la présence de l'âme au corps, *Theo. nat.*, *I*, not. §1029, p.1007.
- Les actions mauvaises externes, *physice spectatae*, s'y produisent selon l'ordre naturel des choses, *Ibid.*, not. §572, §573 et not., p.522-525.
- Les actions y sont imputables à l'homme aussi bien que dans celui de l'influx physique, *Psycho. rat.*, §635 et not., p.575-576.
- Il n'est pas contraire à la philosophie morale, *Luc. com.*, §22, p.71-73.
- Le concours divin n'y est pas plus difficile à admettre que dans celui de l'influx physique, *Psycho. rat.*, § 636 et not., p.576-577.
- On ne peut pas prétendre qu'il conduit au Déisme, *Theo. nat.*, *II*, not. §558, p.540.
- Il est hautement probable, *Psycho. rat.*, §638 et not., p.579-581, - et doit être préféré aux deux autres, *Ibid.*, §639 et not., p.581-583.

- Que celui qui ne le comprend pas adopte celui de l'influx physique, *Ibid.*, §640 et not., p.583-586.

Systema influxus physici
- Le premier des trois systèmes d'explication des rapports de l'âme et du corps, *Psycho. rat.*, §553, p.474, - appelé aristotelico-scolastique, *Ibid.*, not. §563, p. 483, - parce qu'il est dû à Aristote, *Luc. com.*, §19, p.61, *Monit.*, §14, p.25, §18, p.29, §18, p.35, - et a été défendu par les Scolastiques, *Psycho. rat.*, not. § 563, p.483. - Il a flori dans l'Eglise romaine, *Monit.*, §15, p.29, - et a été enseigné dans les écoles philosophiques jusqu'à Descartes, *Psycho. rat.*, §553, p.474.
- Lange le tenait pour démontré par les données de l'expérience, *Psycho. rat.*, not. §580, p.501, - Newton aussi, *Eth.*, *I*, not. §118, p.187.
- Sa critique par Leibniz, *Melet.*, sect. I, n.35, p. 150.
- Présentation et explication, *Psycho. rat.*, §558-572, p.480-492.
- Nous n'avons aucune notion de l'influx physique; nous ne l'expérimentons pas, *Log.*, not. §667, p.484, *Psycho. rat.*, not. §573 et not., p.492-494, §587 et not., p. 510-511. - Il est inexplicable, *Ibid.*, §574, p.495, - et incertain, *Ibid.*, §575 et not., p.495-496.
- Il s'agit d'une qualité occulte, *Ibid.*, §582 et not., p.502-504, - et d'un terme vain, *Ibid.*, §583, p.504.
- Ce système est contraire aux lois du mouvement, *Psycho. rat.*, §576-581, p.496-502, *Luc. com.*, §24 (marqué : 23), p.78-80. - Mais il ne supprime pas la liberté, *Monit.*, §9, p.14, §14, p.15.
- L'âme y a besoin des organes sensoriels pour sentir, *Theo. nat.*, *II*, not. §162, p.148, - et y est donc passive, *Luc. com.*, §21, p.67-69, §22, p.71, §23 (marqué : 22), p.73.
- L'âme peut y être unie à n'importe quel corps, *Psycho. rat.*, §719 et not., p.640-642, *Theo. nat.*, *I*, not. §59, p.48, - et dans n'importe quelle série de choses, *Ibid.*, §720 et not., p.643-644. - Cette union n'a sa raison

suffisante ni dans l'essence de l'âme, ni dans celle du corps, *Ibid.*, §721, p.645-646. - Elle n'est pas naturelle, *Ibid.*, §722, p.647.
- Les actions mauvaises externes, *physice spectatae*, y sont effectuées selon un ordre particulier qui perturbe celui de la nature, *Theo. nat.*, *I*, §573 et not., p.522-525.
- Ce système est dénué de toute probabilité, *Psycho. rat.*, §588 et not., p.511-512.

TACQUETUS Andreas (1611-1660) jésuite mathématicien belge
- A propos des démonstrations de ses *Elementa geometriae*, *Ont.*, not. §98, p.75, 76.
- Il ne pouvait croire que quelqu'un ait jamais lu en entier l'*Astrolabium* de Clavius, *Psycho. emp.*, §244, p. 173-174.

TERENTIUS Publius (circa 190-159)
- Citations de : *Adelphoe*, 287, *Psycho. emp.*, not. §857, p.649, - *Andriae*, prologus, 16, *Eth.*, *I*, not. §213, p. 320, III, 3, 33, *Eth.*, *I*, not. §10, p.11.

TERTULLIANUS (circa 160-240)
- inter Ecclesiae primitivae Patres, *Psycho. rat.*, not. §701, p.624.
- Il était matérialiste et a soutenu que l'âme est engendrée par les parents, *Ibid.*, p.624, - et que Dieu est corporel, *Theo. nat.*, *II*, not. §620, p.609.
- Les vains efforts de saint Augustin et de saint Jérôme pour expliquer qu'il n'était pas matérialiste, *Psycho. rat.*, not. §701, p.624.

THEODOSIUS (saec. II a.C.)
- Esprit systématique, *Horae*, *I*, p.113.
- Il a observé scrupuleusement les règles de la méthode démonstrative, *Horae*, *II*, p.93.
- Il n'y a eu aucun dissentiment sur ses théorèmes, *Log.*, not. §26, p.122, not. §990, p.711, *Luc. com.*, §1, p.1.
- Sa définition du triangle, *Log.*, not. §290, p.269, not. §323, p.286, not. §326, p.287, not. §328, p.288, not. § 505, p.388.
- A propos de ses *Sphériques*, *Log.*, not. §790, p.570, not. §911, p.647, not. §1173, p.822, *Ont.*, not. §98, p.77, *Eth.*, *I*, not. §409, p.647.
- L'édition de ses oeuvres par Barrow, *Horae*, *I*, p.113.
- Mersenne a rassemblé ses définitions et ses propositions sans leurs démonstrations, *Log.*, not. §863, p.621.

THEO Smyrnaeus (saec. II)
- Il a rapporté la déclaration de Platon que les mathématiques rendent l'esprit apte à comprendre la philosophie, *Ont.*, not. §51, p.35.

THESMARUS (TESMARUS) Joannes (saec. XVII)
- Jctus quondam in Academia Marburgensi, *Melet.*, sect. 3, n.14, p.192.
- Son commentaire perpétuel du *De Jure belli et pacis* de Grotius, *Ibid.*, p.192.

THOMAS Divus (1225-1274)
- Doctor Angelicus, *Luc. com.*, §3, p.4, - Confessor veritatis, *Ibid.*, p.4, §17, p.56, *Monit.*, §4, p.7.

Dieu
- Son nom est *nomen naturae*, *Theo. nat.*, *II*, not. §409, p.367.
- Existence : Difficulté de la découvrir par la raison, *Luc. com.*, §4, p.8 (Cit. : *Sum. Theol.*, Ia, qu.1, art. 1, resp.). - On ne peut la démontrer *a priori*, *Theo. nat.*, *II*, praefatio, p.13^{x}. - Wolff lui a prêté l'affirmation que la démonstration à partir de la notion de l'être très parfait requiert celle de la possibilité de cet être, *Ratio*, sect. 2, c.3, §44, p.158, *Log.*, not. § 534, p.404, not. §842, p.606, *Theo. nat.*, *II*, praefatio, p.13^{x}-14^{x}, not. §13, p.11, not. §413, p.372, *Luc. com.*, §5, p.12, - et le rejet de toutes les autres preuves que celle par la contingence, *Theo. nat.*, *I*, not. §719, p. 784-785, *Luc. com.*, §3, p.3-4, *Melet.*, sect. 1, n.35, p. 145.
- Nature : preuve de son unicité, *Theo. nat.*, *I*, not. § 1107, p.1070.
- Attributs : (1) Entendement : Il connaît tous les autres êtres dans son essence, *Theo. nat.*, *II*, not. §102, p.79. - En connaissant son essence participable selon divers modes, il forme les idées des choses; elles sont nécessaires, *Monit.*, §17, p.33. - Nécessité, éternité et immutabilité

des essences, *Theo. nat., I,* praefatio, p.23[x], *Luc. com.*, §12, p.32, *Monit.*, §14, p.26. - (2) Volonté : Il n'y a pas en lui, comme en nous, d'actes de volonté accompagnés de mouvements dans le corps, *Theo. nat., I,* not. § 1103, p.1066. - Il ne fait rien qu'il n'ait prévu et préordonné. Mais il peut faire autre chose que ce qu'il prévoit et préordonne, *Monit.*, §4, p.7 (Cit. : *Sum. Theol.*, Ia, qu.25, art.5, ad lum). - Il ne veut pas nécessairement ce qu'il veut, mais ce qu'il veut est nécessaire parce que sa volonté est immuable, *Monit.*, §4, p.8 (Cit. : *Contra Gentiles*, I,83), *Melet.*, sect. 1, n. 35, p.146. - Sa volonté n'impose aux choses qu'une nécessité conditionnelle, *Monit.*, §4, p.7. - Il peut faire d'autres choses et leur imposer un autre ordre, *Theo. nat., I,* not. §616, p.573, not. §825, p.812-813, *Theo. nat., II,* not. §452, p.416, *Monit.*, §4, p.7, *Melet.*, sect. 1, n.35, p.146, - mais pas à celles qu'il a faites, *Theo. nat., I,* not. §621, p.578-579. - Il n'aurait pu faire les choses meilleures, *Theo. nat., I,* not. §406, p.377, not. §556, p.506, not. §621, p.578-579, *Monit.*, §14, p.27. - Il a fait ce qui est le meilleur dans le tout, non dans les parties, *Theo. nat., I,* not. §551, p.499, - mais l'imperfection des parties concourt à la perfection du tout, *Cosmo.*, not. §548, p.429, *Theo. nat., I,* not. §550, p.498, not. §556, p.506, not. §683, p.642, *Theo. nat., II,* not. §497, p.479, *Monit.*, §14, p.27. - Il n'a pas pu faire le monde et l'homme sans limites, c'est-à-dire sans le mal métaphysique, *Theo. nat., I,* not. §546, p.493, not. §547, p.495. - Il ne peut en supprimer le mal physique, *Theo. nat., I,* not. §561, p.510. - Ce qui est *non factibilis* par Dieu, *Ibid.*, not. §546, p.493, not. §547, p.495, not. §561, p.510, not. §794, p. 780. - Il ne veut pas le mal et ne le fait pas, mais seulement le permet, *Ibid.*, not. §585, p.539, *Monit.*, §14, p.27. - La preuve de sa toute-puissance, *Ont.*, not. §99, p.80. - Il n'effectue pas la conservation par une nouvelle action, mais en continuant son action créatrice, *Theo. nat., I,* not. §845, p.829. - Il ne peut donner à la créature le pouvoir de se conserver elle-même, cette action

cessant, *Ibid.*, not. §840, p.826. - A propos du don de la parole fait par Dieu aux anges, *Melet.*, sect. 2, n. 3, p.252. - L'éclipse de soleil survenue au moment de la mort du Christ, a requis cinq miracles, *Cosmo.*, not. §532, p.415. - A cette explication Wolff a rattaché sa propre théorie du miracle de restitution, *Ibid.*, not. § 533, p.416-417.
Présence : Dieu est présent partout où il agit, *Theo. nat.*, *I*, not. §1046, p.1019. - Wolff a prêté à saint Thomas d'avoir affirmé que Dieu est présent partout "ut in re et ut in loco", *Ibid.*, not. §1042, p.1015, not. § 1044, p.1018, not. §1051, p.1023, not. §1105, p.1068; - il s'agit en fait d'une expression de Carbo a Costaciario.

Monde

- On ne peut démontrer par la raison qu'il n'a pas toujours existé, *Luc. com.*, §17, p.55, *Monit.*, §11, p.18.
- Il est possible qu'il soit *ab aeterno*, *Theo. nat.*, *II*, not. §447, p.413. - S'il en était ainsi, son éternité ne serait pas identique à celle de Dieu, *Theo. nat.*, *I*, not. §1016, p.992, *Luc. com.*, §17, p.56.

Varia

- Sa conception de l'essence et de la nature, *Ont.*, § 169, p.138.
- Ses définitions : du nécessaire, *Ont.*, not. §293, p. 236, not. §327, p.259, *Luc. com.*, §8, p.18 (Cit. : *In duodecim libros Metaphysicorum Aristotelis* ..., lib.V, lect.6), - du contingent, *Ont.*, not. §296, p.237, §327, p.260, *Luc. com.*, §8, p.20 (Cit. : *Ibid.*, *Sum. Theol.*, Ia, qu.86, art.3, resp.), - du possible, *Luc. com.*, § 7, p.16.
- Réfutation de ceux qui ont défini le possible : *id, cui producendo aliqua causa sufficit*, *Ont.*, not. §99, p.80, *Theo. nat.*, *I*, not. §344, p.335.
- Sa définition du principe, *Ont.*, §879, p.650.
- Une cause contingente est déterminée *ab extrinseco*,

Monit., §4, p.7, *Melet.*, sect. 1, n.35, p.146.
- L'appêtit concupiscible tend vers le bien, l'appêtit irascible vers le mal, *Psycho. emp.*, not. §583, p.442.
- Sa définition de la liberté, *Ibid.*, §943, p.707.
- Il était créatianiste, *Psycho. rat.*, not. §699, p. 622.
- Nous sommes semblables à Dieu *secundum intellectum*, mais pas *quoad modum intelligendi*, *Theo. nat.*, *II*, not. §102, p.80.
- Wolff l'a découvert dans sa jeunesse, grâce à Carbo a Costaciario, *Monit.*, §5, p.9, - et s'en est inspiré à propos de la possibilité d'autres mondes, *Ibid.*, p.9.

THOMASIUS Christian (1655-1728)
- Jctus Hallensis, *Cosmo.*, not. §116, p.103.
- Il a raillé Aristote, *Ibid.*, p.103.

THUCYDIDUS (circa 471-395)
- Ce qu'il a rapporté à propos des effets de la peste sur la mémoire, *Psycho. rat.*, not. §205, p.168.

THUMMIGIUS Ludovicus Philippus (saec. XVII) disciple de Wolff
- C'est un *epitomator*, *Log.*, not. §893, p.637.
- Recommandation de Wolff de se reporter à ses *Institutiones philosophiae Wolffianae*, *Disc. prael.*, not. §92, p.42, not. §96, p.44, *Log.*, not. §781, p.558, not. §782, p.559, not. §783, p.560, *Eth.*, *I*, not. §411, p.653, not. §412, p.654, not. §413, p.656.
- Renvoi par Wolff à ses *Institutiones*, à propos : de l'emploi de la seule première figure du syllogisme, *Log.*, not. §379, p.310, - des conséquences du rejet du principe de raison suffisante, *Ont.*, not. §77, p.60, - de la notion de sujet, *Ont.*, §712, p.534, - de la possibilité de rendre raison de l'essence de l'âme par ce qu'on observe en elle, *Horae*, *I*, p.216, - de l'usage du sens vicaire, *Psycho. rat.*, not. §162, p.128, - de l'entendement, *Psycho. emp.*, not. §275, p.198, - de l'explication de la succession des idées par le syllogisme, *Ibid.*, not.

§392, p.295, - de la liberté d'indifférence, *Ibid.*, § 946, p.710-711, - de la sauvegarde de la liberté dans le système de l'harmonie préétablie, *Log.*, not. §1073, p.767, - de la déduction des attributs de Dieu qui découlent de son aséité, *Log.*, not. §836, p.599, - de sa prescience de nos actions mauvaises, *Log.*, not. §976, p.700, - de la nature de la prudence, *Log.*, not. §779, p.557, *Eth.*, *I*, §463, p.722, - de l'appartenance des considérations sur l'administration de l'état à la philosophie politique, *Horae*, *I*, p.461[x], - de l'appellation *Psychologia rationalis*, *Horae*, *I*, p.216.
- A propos de ses dissertations : sur l'immortalité de l'âme, *Melet.*, sect. 3, n.5, p.127, - sur le soleil qui pâlit dans un ciel sans nuages, *Ibid.*, p.128, - et de ses *Meletemata* où il a recueilli le *Specimen Physicae* de Wolff, *Psycho. rat.*, not. §262, p.211, *Theo. nat.*, *I*, not. §177, p.157.

TITIUS Gottlieb Gerhardus (1661-1714)
- Jctus Lipsiensis, *Horae*, *II*, p.140.
- Il a voulu rédiger le droit en système, *Ibid.*, p.140.

TOLANDUS Joannes (1670-1722) écrivain irlandais
- Matérialiste, *Psycho. rat.*, not. §33, p.25.

TORRICELLIUS Evangelista (1608-1647)
- Disciple de Galilée, *Melet.*, sect. 3, n.8, p.142.
- Ses expériences sur le poids de l'air, *Ibid.*, p.142, *Eth.*, *I*, not. §348, p.551.

TOURNEMINIUS Josephus de (1661-1739)
- Jesuita Gallus, *Luc. com.*, §23 (marqué : §22), p.74.
- Ses objections contre l'harmonie préétablie, *Psycho. rat.*, not. §612, p.542.
- Il a admis l'action de l'âme sur le corps, tout en niant celle du corps sur l'âme, *Luc. com.*, §21, p.68, §23 (marqué : §22), p.74.

TRIBONIANUS (saec. V)
- Vir eminentissimus, Quaestor sacri palatii, *Horae, II*, p.96.
- A propos de la déduction du droit civil, à partir du droit naturel, l'Empereur Justinien lui a conseillé de faire en sorte "ut sit una concordia, una consequentia", *Ibid.*, p.96.

TSCHIRNHAUSUS Ehrenfriedus Waltherus de (1651-1708)
- inter eruditos primi ordinis eminentes, *Ont.*, not. § 74, p.53, - vir de scientiis praeclare merito, *Log.*, praefatio, p.10[x], - Vir generosus de scientiis mathematicis bene meritus, *Horae, I*, p.167[x], - praeclarus Geometra, *Ont.*, not. §206, p.170, - Illustris Dn. de *Tschirnhausen*, *Melet.*, sect. 2, n.3, p.246, - Vir insignis, *Psycho. emp.*, not. §444, p.350.
- Il pensait que le bien suprême de l'homme consiste dans la connaissance de la vérité, *Psycho. emp.*, not. §532, p. 411, *Horae, I*, p.167[x], 228[x], - et dans l'*ars inveniendi*, *Eth., I*, not. §151, p.243, *Eth., II*, not. §358, p.441.
- Sa conception de celui-ci, *Ratio*, sect. 2, c.2, §20, p.126, *Melet.*, sect. 2, n.3, p.246. - Il était partisan de le rédiger en système, *Ibid.*, sect. 3, n.7, p.131, 132.
- Ce qu'il a dit dans la *Medicina mentis* ne peut être tiré de la géométrie élémentaire, ni de l'algèbre, *Eth., I*, not. §334, p.525.
- Il a confondu la connaissance des règles de la logique avec l'*habitus demonstrandi*, *Log.*, not. §560, p.428.
- Ses règles de la définition sont trop générales, *Ratio*, sect. 2, c.2, §35, p.133. - Sur l'usage des définitions génétiques, *Ont.*, not. §264, p.217.
- Il a défini les axiomes de telle sorte qu'on peut ranger aussi les postulats sous cette appellation, *Log.*, not. §269, p.259.
- Inutilité des syllogismes pour découvrir la vérité, *Ratio*, sect. 2, c.2, §7, p.121, *Log.*, not. §560, p.427, *Ont.*, not. §74, p.53, *Psycho. emp.*, not. §400, p.308, *Eth., I*, not. §103, p.152.

TSCHIRNHAUSUS

- Exposé et critique de son critère de la vérité, *Ratio*, sect. 2, c.2, §18, 19, p.125-126, *Log.*, not. §528, p. 399, not. §545, p.411, *Theo. nat.*, *II*, not. §687, p.694.
- Il a expliqué toutes les erreurs par le fait de prendre pour identiques des choses diverses, *Log.*, not. §632, p. 460.
- Il était d'avis de donner des démonstrations incomplètes, afin de ne pas avilir ce qu'on peut comprendre trop facilement, *Psycho. emp.*, not. §444, p.350.
- A propos de sa méthode de résolution des problèmes, *Ratio*, sect. 2, c.2, §39, p.135.
- Exposé de ses définitions du possible et de l'impossible, *Ont.*, not. §103, p.85-86, *Melet.*, sect. 2, n.3, p.251.
- Il répugnait à concevoir la matière sans le mouvement, *Ont.*, §761, p.570, *Cosmo.*, not. §170, p.140 (Cit. : *Medicina mentis*, pars II, p.180).
- Sous le nom d'imagination, il rangeait la *facultas sentiendi*, *Psycho. emp.*, not. §92, p.54.
- Sa description des courbes, *Log.*, not. §195, p.214.
- Son procédé pour décrire l'ellipse d'Apollonius à partir de deux cercles inégaux, *Ont.*, not. §206, p.170.
- La façon dont il s'y est pris pour faire rire une femme qui ne riait jamais, *Psycho. emp.*, not. §743, p.561.
- Il a dédicacé sa *Medicina mentis* à Louis XIV, *Log.*, praefatio, p.9[x].
- La difficulté éprouvée par Wolff pour comprendre cet ouvrage, *Ratio*, sect. 2, c.2, §16, p.124-125.
- Wolff s'était concilié sa faveur grâce à sa thèse de doctorat, *Eth.*, *V*, praefatio, p.12 (non paginée).

Ubiquitarii
- Dieu existe en tout lieu comme si sa substance se diffusait à travers l'espace imaginaire, *Theo. nat.*, *I*, not. §1052, p.1024.

ULPIANUS (?-228)
- Jctus eximius, *Horae*, *I*, p.447[x].
- Ses définitions du droit naturel, du droit des gens et du droit civil, *Ont.*, not. §760, p.567, *Horae*, *II*, p.103, - de la justice, *Psycho. emp.*, not. §329, p. 239, *Horae*, *II*, p.103, *Horae*, *III*, p.65-71.
- Le droit civil est tiré du droit naturel *vel addendo, vel demendo*, *Horae*, *I*, p.447[x], *Horae*, *II*, p.94, *Horae*, *III*, p.63, *Melet.*, sect. 3, n.11, p.162, n.14, p.189, 195. - Ce qu'il a dit du droit civil vaut de tout droit positif, *Melet.*, sect. 3, n.14, p.195.
- Sur l'interprétation des lois, *Horae*, *II*, p.112.
- Sur les rapports du droit et de la philosophie, *Melet.*, sect. 3, n.14, p.181.
- Il a appelé les juristes : *Juris Sacerdotes*, *Ibid.*, p.181.

VALENTINUS Basilius (saec. XV) bénédictin alsacien
- Alchymista, *Psycho. emp.*, not. §158, p.112.
- Il a utilisé l'écriture hiéroglyphique, *Ibid.*, p.112.

VALERIANUS Magnus (1586-1661)
- celebrem ex Capucinorum familia philosophum, *Ratio*, sect. 2, c.2, §30, p.131, *Psycho. emp.*, not. §76, p.42.
- Il s'est employé à distinguer entre les notions claires : distinctes et confuses, et les notions obscures, *Ibid.*, p.42, - et a été suivi en cela par Descartes et Leibniz, *Ratio*, sect. 2, c.2, §30, p.131, *Log.*, not. §37, p.155, *Psycho. emp.*, not. §76, p.42.

VANINUS Julius Caesar (1585-1619)
- Brûlé à Toulouse à cause de son athéisme, *Horae, II*, p.381, 382, 383, 398, 399, 400, 420.

VARIGNONIUS Petrus de (1654-1722)
- Mathematicus [Gallus] ... celeberrimus, *Horae, II*, p.164.
- Le degré singulier de sa puissance d'attention a été signalé par Fontenelle dans son *Eloge*, *Psycho. emp.*, not. §250, p.181.

VARRO Marcus Terentius (saec. III a.c.)
- Distinction entre la théologie fabuleuse, naturelle et civile, *Theo. nat.*, *I*, not. §1, p.3.

VEGETIUS Flavius Renatus (saec. IV) historien byzantin des choses militaires
- A propos du temps favorable à la fente du bois, *Log.*, not. §870, p.625.

VERGILIUS Marcus Pollio (71-19)
- Citations de l'*Enéide*, 4, 479, *Psycho. emp.*, §803, p. 613, - et de *Egloga III*, 93, *Luc. com.*, §8, p.23.

VITRUVIUS Marcus Pollio (circa 88-126)
- Son recours à la philosophie, *Horae, II*, p.614-616.

- Son usage du principe de raison suffisante, *Ont.*, not. §74, p.54 (Cit. : *De Architectura*, lib.4, c.2).
- Sa solution au problème de la fente du bois, *Log.*, not. §870, p.625.
- Ce qu'il a rapporté de la grande puissance d'attention d'Archimède, *Psycho. emp.*, §248, p.177.
- Les notes de Perrault à son traité d'architecture, *Cosmo.*, not. §378, p.273.

VOETIUS Gisbertus (1589-1676)
- Theologus Ultrajectinus, *Disc. prael.*, not. §53, p. 81, - vir multae eruditionis, sed scientiae nullus, *Horae, I*, p.199[x].
- Il a accusé Descartes d'être athée, *Disc. prael.*, not. §153, p.81, *Horae, I*, p.199[x], *Horae, II*, p.383 (Cit. : *Admiranda methodus* ..., p.226-227), 384, 391, 392, 397, 399, 407, 413, 414, 415, 419, 425, 426.
- Son appel à Mersenne pour qu'il condamne Descartes, *Horae, II*, p.404.

VOGELINUS Joannes (saec. XVI) mathématicien allemand
- A propos de la préface de Melanchton à ses *Elementa Geometriae*, *Log.*, praefatio, p.15[x], *Eth.*, *I*, not. §9, p.9, *Melet.*, sect. 3, n.14, p.178, *Horae, II*, p.432.

VOLDER Burcherus de (1643-1709) philosophe et mathématicien hollandais
- Il n'a pas prouvé que Dieu est l'être absolument parfait, *Theo. nat.*, *II*, not. §21, p.15.

VOSSIUS Gerhardus Josephus (1577-1649) érudit allemand
- Sa définition de la métaphore, *Theo. nat.*, *I*, §103, p.83.

WALLER Richardus, et non : Robertus comme l'indique Wolff (?-1714) mathématicien anglais
- Editeur des oeuvres posthumes de Hoocke, *Melet.*, sect. 3, n.7, p.131.

WALLISIUS Joannes (1616-1703)
- magni nominis Mathematicus, *Ont.*, §470, p.357, - Mathematicus merito suo celeberrimus, *Psycho. emp.*, §197, p.134, - Celeberrimus *Wallisius*, *Melet.*, sect. 2, n.3, p.264.
- Sa définition de la quantité, *Ont.*, not. §470, p.357 (Cit. : *Institutio logicae ...*, p.99, et: *Mathesis universalis ...*, p.24).
- Sa méthode pour éduquer les sourds-muets, *Melet.*, sect. 2, n.3, p.264, *Eth.*, *I*, not. §21, p.29.
- Sa plus grande facilité à effectuer les opérations mathématiques durant la nuit que dans la clarté du jour, d'après le témoignage de Pelshover, *Psycho. emp.*, §197, p.134, 135 (Cit. : *De Algebra Tractatus ...*, p.149, *Ibid.*, not. §197, not. §198, p.136, §250, p.180.
- Son extraordinaire puissance d'attention, *Ibid.*, §244, p.173, §248, p.177.
- A propos des lettres de Leibniz à Oldenburg, contenues dans le volume III de ses *Opera*, *Ibid.*, not. §297, p.210.

WARMUTHUS Mathias (1625-1688) philologue allemand
- Son interprétation de *Gen.*, I,31, *Theo. nat.*, *I*, §406, p.374.

WEIGELIUS Erhardus (1625-1699) mathématicien allemand
- Il a approuvé la position de Descartes au sujet des syllogismes, *Psycho. emp.*, not. §403, p.312.
- Sa définition du néant, *Ont.*, §57, p.40.
- Sa notion de l'espace, *Ont.*, not. §611, p.471.
- Son *arithmetica tetractyca*, *Ont.*, not. §347, p.273.
- Sur son utilisation des définitions d'Euclide qu'il appelle axiomes dans la partie sphérique de l'astronomie, *Horae*, *II*, p.128.

WISTONUS (WHISTON) Gulielmus (1667-1752) mathématicien anglais
- strenuum *Newtoni* cultorem, *Eth., I*, not. §80, p.109.
- Il a dénommé Kepler: "parentem philosophiae Newtonianae", *Ibid.*, p.109, *Eth., III*, not. §86, p.167.

WRENNUS Christophus (1632-1723)
- Il a découvert les vraies lois du mouvement, *Luc. com.*, §24 (marqué : §23), p.78-79.

XENOCRATES (386-314)
- Il n'acceptait pas parmi ses auditeurs ceux qui ignoraient les mathématiques, *Ont.*, not. §51, p.35.

ZABARELLA Jacobus (1533-1589) philosophe italien
- Ses définitions : du confus, *Ont.*, not. §485, p.371,
- de l'élément, *Cosmo.*, not. §181, p.145.
- Il a loué Aristote de n'avoir nulle part expliqué la structure de l'oeil, *Cosmo.*, not. §278, p.212.

ZAHNIUS Joannes (1641-1707) mathématicien allemand
- Sur l'usage de la lanterne magique pour représenter le mouvement des animalcules, *Psycho. rat.*, not. §189, p. 157.
- Il a montré que la façon de s'exprimer avec les doigts n'était pas inconnue des anciens, *Melet.*, sect. 2, n.3, p.256.

ZENO Eleatus (490/485-?)
- Il pensait que les éléments des choses sont comme des points sans parties, *Cosmo.*, not. §215, p.165, §217, p. 166, *Horae, II*, p.714.
- L'interprétation par Keill de son argument dit d' Achille, *Horae, III*, p.425-427.

ZORNIUS Bartholomaeus (1639-1717) médecin allemand
- Ce qu'il a rapporté de l'utilisation d'une plante amère, appelée rue, pour augmenter la vue, *Eth., I*, not. §22, p.31.

ZOROASTRUS (saec. VIII/VII a.C.)
- On lui a attribué la doctrine de la dépendance du monde par rapport à deux principes, l'un bon, l'autre mauvais, *Theo. nat., II*, not. §660, p.656.

Index locorum Scripturae Sacrae

Vetus Testamentum

- XXVI,6, *Ibid.*, §97, p.76.

Num.

- XXIII,19, *Theo. nat.*, *I*, §594, p.549, §597, p.552.
- XXIII,19,20, *Ibid.*, §414, p.387 (Cit.).

Deut.

- IV,15, *Theo. nat.*, *I*, not. §97, p.76.
- IV,35, *Ibid.*, §1118, p.1083.
- VI,4, *Ibid.*, p.1083 (Cit.).

Josua

- III,10, *Theo. nat.*, *I*, §112, p.89.
- X,12, *Log.*, not. §969, p.692, not. §972, p.695.
- X,12,14, *Cosmo.*, not. §526, p.408, not. §531, p.413.
- X,14, *Theo. nat.*, *I*, §474, p.442.
- XI,12,13, *Ibid.*, §418, p.393.

1 Sam.

- VIII,22, *Theo. nat.*, *I*, §299, p.297.
- X,9, *Ibid.*, §948, p.928.
- XV,29, *Log.*, not. §976, p.700 (Cit.).
- XV,35, *Theo. nat.*, *I*, §414, p.387 (Cit.).
- XXIII,10, sq., *Ibid.*, §305, p.305.
- XXVI,7, *Ibid.*, §211, p.191 (Cit.).

Vetus Testamentum

Vetus Testamentum

Daniel

- IV,32, *Theo. nat., I,* §410, p.380 (Cit.).

Amos

- IX,3, *Theo. nat., I,* §103, p.83.

Novum Testamentum

Acta

- VI,10, *Horae, I*, p.445[x].
- VIII,4, *Theo. nat., I*, §1118, p.1083.
- XI,14, *Psycho. emp.*, not. §152, p.106.
- XI,16, *Horae, I*, praefatio, p.14 (non paginée).
- XV,53, *Theo. nat., I*, §95, p.71 (Cit.), not. §95, p.73.

2 Cor.

- II,8, *Theo. nat., I*, not. §268, p.244.
- II,10,11, *Ibid.*, §130, p.105.
- VI,18, *Ibid.*, §415, p.390.
- XII,6, sq., *Monit.*, §1, p.4.

Galat.

- I,4, *Log.*, not. §971, p.694, not. §972, p.696.

Ephes.

- I,4, *Theo. nat., I*, not. §408, p.379, §409, p.379, (Cit.).
- I,5, *Ibid.*, §131, p.107, §411, p.383 (Cit.).
- II,12, *Ibid.*, not. §1, p.3, not. §82, p.62.
- III,10, *Log.*, not. §980, p.704.
- III,11, *Theo. nat., I*, §591, p.545 (Cit.).
- III,20, *Ibid.*, §417, p.392 (Cit.).
- IV,6, *Ibid.*, §1118, p.1083.
- V,18, *Horae, I*, p.445[x].

- VII,24, *Ibid.*, §95, p.71.
- XI,3, *Ibid.*, §787, p.769 (Cit.), *Luc. com.*, §17, p.55.

Jac.
- I,17, *Theo. nat.*, *I*, §1110, p.1073.
- I,18, *Ibid.*, §593, p.547.
- II,26, *Ibid.*, §132, p.108.

1 Petr.
- II,2, *Theo. nat.*, *I*, not. §258, p.236.
- II,23, *Ibid.*, §98, p.78, *Horae*, *I*, praefatio, p.16 (non paginée).
- III,12, *Theo. nat.*, *I*, §103, p.83.
- IV,19, *Ibid.*, §788, p.773.
- VI,6, *Ibid.*, §103, p.83.

2 Petr.
- I,3, *Theo. nat.*, *I*, §1111, p.1074.
- II,19, *Ibid.*, §1003, p.976.

Joan.
- III,20, *Theo. nat.*, *I*, not. §303, p.303.

Apoc.
- I,8, *Theo. nat.*, *I*, §99, p.79.
- I,48, *Ibid.*, §77, p.59.

Novum Testamentum

- IV,2, sq., *Ibid.*, §98, p.77.
- V,6, *Ibid.*, p.77.
- XIII,18, *Ibid.*, §130, p.104.
- XVII,17, *Ibid.*, §948, p.928.

Index auctorum operum

- AMORT Eusebius, *Nova philosophiae planetarum et artis criticae systemata adumbrata ab A.R.R.D. Eusebio Amort in antiquissima et celeberrima Ecclesia ad SS. Crucem et SS. Salvatorem in Polling Superiori Bavariae Canonico Regulari Lateranensi Philosophiae Professore. Pars prior Philosophiae complectens Logicam et Metaphysicam*, Norimbergae, 1723.

- ANDALA Ruardus, *Syntagma Theologico-Metaphysicum, complectens Compendium Theologiae Naturalis; Paraphrasis in Principia Philosophiae Renati Des-Cartes; ut et Dissertationum Philosophicarum Heptada*, Franequerae, 1721.

- AUGSBURGIUS Joannes Christianus, *Jura de dominio pactisque dominium acquisivitis seu ad transferendum dominium habilibus. Accedit Dissertatio proemialis de usu et applicatione egregia methodi demonstrativae in scientia Juris et praefatio Christiani Wolffii*, Marburgi, 1740.

- BARONIUS Robertus, *Philosophia theologiae ancillans; hoc est, pia et sobria explicatio quaestionum philosophicarum in disputationibus theologicis subinde occurentium*, Amstelodami, 1649[2].

- BARROWIUS Isaacus, *Lectiones geometricae, in quibus (praesertim) generalia curvarum linearum symptomata decla-*

rantur, Londini, 1670.

- BECHMANNUS Friedmannus, *Annotationes uberiores in Compendium Theologicum Leonhardi Hutteri, S.S. Theol. Doct. et Professoris Publ. in Acad. Wittebergensi p.m. denuo editae. Praemissa est nova ad lectorem praefatio, à D. Joh. Paulo Hebenstreito, SS. Theol. et Historiae Eccles. In Acad. Jen. Prof. Publ. ordinario conscripta, Quae, quid in toto opere, in nova imprimis editione, praestitutum est, copiosus indicat. Annexi sunt quatuor indices locupletissimi*, Francofurti et Lipsiae, 1703.

- BERNSAU Henricus Gulielmus, *Theologia dogmatica scientifica pertractata, Pars prima*, Halae, 1745.

- BILFINGERUS Georgius Bernardus, *De harmonia animi et corporis humani maxime praestabilita, ex mente illustris Leibnitii, commentatio hypothetica, Editio tertia recognita*, Tubingae, 1741.

- BORELLUS Alphonsus, *De motu animalium Jo. Alphonsi Borelli Neapolitani Matheseos Professoris Opus Posthumum. Pars prima*, Bononiae, 1681, *Pars altera*, Romae, 1681.

- BURMANNUS Franciscus, *Synopsis Theologiae et speciatim Oeconomiae foederum Dei, ab initio saeculorum usque ad consummationem eorum. Tomus prior praecipuè complectitur oeconomiam Veteris Testamenti. Secunda editio emendata et locupletata Indice Rerum et Verborum*, Genevae, 1678.

- CAMPANELLA Thomas, *Medicinalium, juxta propria principia libri septem. Opus non solum Medicis, sed omnibus naturae studiosis utilissimum*, Lugduni, 1635.

- CARBO a COSTACIARIO Ludovicus, *Compendium absolutissimum totius summae theologiae D. Thomae Aquinatis, Doctoris Angelici : In quo universa ejus doctrina, etiam quae est in responsionibus ad Argumenta, ad Conclusiones, cum suis probationibus redacta, breviter ac facile continetur : cujus subtilitates et commoditates, ex Epistola Nuncupatoria, et ex Praefatione ad Lectores plenius cognoscere licet*, Venetiis 1587.

- CLAUBERGIUS Joannes, *Metaphysica de ente, Quae rectius Ontosophia, Aliarum Disciplinarum ipsius quoque Jurisprudentiae et Literarum, studiosis accomodata*, Amstelodami, 1656.
- *Physica contracta*, in *Opera Philosophica*, vol.I, Amstelodami, 1691.

- DOMINICUS de Flandria, *R.P.F. Dominici de Flandria Ordinis Praedicatorum, artium et SS. Theologiae Profundis-*

simi Magistri, Quondam Regentis Bononiensis, Doctrinae D. Thomae acerrimi propagatoris, In duodecim libros Metaphysicae Aristotelis, secundum expositionem Eiusdem angelici Doctoris lucidissimae atque utilissimae quaestiones, diu desideratae, ab innumeris quibus scatebant obscuritatibus, defectibus et mendis vindicatae, correctae et expurgatae, ac duobus novis Indicibus locupletatae, Studio et opera R.P. Magistri F. Cosmae Morellis SS. Theologiae doctoris, dicti ordinis et Coloniae Apostolici Inquisitoris, Coloniae Agrippinae, 1621.

- FELLERUS Joachimus Fridericus, *Otium Hannoveranum sive Miscellanea Ex ore et schedis Illustris Viri piae memoriae, Godofr. Guilielmi Leibnitii, S. Caes. Maj. Consiliarii, et S. Reg. Maj. Britanniarum a Consiliis Justitiae intimis, nec non a scribenda Historia, Quondam notata et descripta, Cum ipsi in colligendis et excerpendis rebus ad Historiam Brunsvicensem pertinentibus operam navaret, Joachimus Fridericus Fellerus, Secretarius Ducalis Saxo-Vinariensis. - Additae sunt coronidis loco Epistolae Gallicae amoebeae Leibnitii et Pellissonii de Tolerantia Religionum et de controversiis quibusdam Theologicis, jampridem editae, nunc recusae, Quibus praemissum est supplementum vitae Leibnitianae,* Lipsiae, 1719.

- GEHRARDUS Joannes, *Locorum theologicorum Exegesis sive uberior Explicatio articulorum de scriptura sacra, de Deo et de persona Christi in tomo primo Locorum theologicorum concisùs pertractatorum. In fine triplici dictorum S. Scripturae, Autorum, Verborum et Rerum Indice adiecto*, Genevae, 1639.
- *Locorum theologicorum cum pro adstruenda veritate, tum pro destruenda quorumvis contradicentium falsitate, per theses nervosè, solidè et copiosè explicatorum Tomus secundus : In quo continentur haec capita : 8 De creatione et Angelis. 9 De providentia. 10 De Electione et Reprobatione. 11 De imagine Dei in homine ante lapsum. 12 De peccato originali. 13 De Peccatis actualibus. 14 De libero Arbitrio. Quartum editus; capitibus et indice triplice locupletatus*, Genevae, 1639.

- GOCLENIUS Rudolphus, *Lexicon philosophicum quo tanquam clave philosophiae fores aperiuntur*, Francofurti, 1613, Hildesheim, 1964.
- *Lexicon philosophicum Graecum, Opus sane omnibus philosophiae alumnis valde necessarium cum perspicientia Philosophici sermonis plurimum ad cognitionem rerum utile. Acessit adjicienda latino lexico sylloge vocum et phrasium quarundam obsoletarum, minus usu receptarum, nuper natarum, barmibarbararum, solecismorum et hyposoloikôn. Cum eorum luculenta correctione et interpreta-*

tione, Marchioburgi, 1615, Hildesheim, 1964.

- GROTIUS Hugo, *De Jure belli ac pacis Libri tres, In quibus jus Naturae et Gentium, item juris publici praecipua explicantur*, Amstelodami, 1625.

- GÜRTLERUS Nicolaus, *Institutiones theologicae ordine maxime naturali dispositae ac variis accessionibus auctae. Adjecta est in fine Mathiae Martini S. Liter. quondam apud Bremenses P.P. Epitome S. Theologiae methodice dispositae*, Marburgi Cattorum, 1732.

- HAMEL Joannes du, *Philosophia universalis, sive Commentarius in universam Aristotelis philosophiam ad usum scholarum comparatam, Tomus tertius complectens Metaphysicam*, Lutetiae Parisiorum, 1705.

- HAMEL Joannes Baptista du, *Philosophia vetus et nova ad usum scholae accomodata, in regia Burgundia olim pertractata. Tomus secundus qui philosophiam moralem continet*, Parisiis, 1687.

- HAMMONDUS Henricus, *Epistolae sanctorum Apostolorum et Apocalypsis S. Joannis ex versione vulgata, Cum paraphrasi et Adnotationibus Henrici Hammondi. Ex Anglica Lingua in Latinam transtulit, suisque Animadversionibus illustravit, castigavit, auxit, Ioannes Clericus, Tomus secundus,* Amstelodami, 1618.

- HARTMANNUS, *Les principes de la fortification moderne, Accompagnés des exemples, qui en facilitent la connaissance, Et mènent en fait ceux qui commencent à étudier dans cette Science ...,* Bruxelles, 1722.

- HOFFMANNUS Fridericus, *Medicinae rationalis systematicae Tomus primus. Quo philosophia corporis humani vivi et sani ex solidis physico-mechanicis et anatomicis principiis methodo plane demonstrativa per certa theoremata ac scholia traditur et Pathologiae ac praxi medicae clinicae ceu verum fundamentum praemittitur in usum docentium et discentium. Editio secunda auctior longe et emendatior,* Venetiis, 1730.

- HUETIUS Daniel, *Traité philosophique de la foiblesse de l'esprit humain par Feu Mr. Huet, Ancien Evêque d' Avranches,* Amsterdam, 1723.

- JAQUELOTUS Isaacus, *Conformité de la foi avec la Raison; ou Defense de la Religion, contre les principales Difficultez repandues dans le Dictionnaire historique et critique de Mr. Bayle,* Amsterdam, 1705.

- JUNGIUS Joachimus, *Institutiones Logicae hoc est, Institutiones Logicae In usum Schol. Hamburg. conscriptae, et sex libris comprehensae Autore Joachimo Jungio Phil. ac Med. D. Gymnasi ac Scholae classicae Rectore*, Hamburgi, 1638.

- KEILLIUS Joannes, *Introductio ad veram physicam seu lectiones physicae habitae in Schola naturalis philosophiae Academiae Oxoniensis*, Oxoniae, 1705.

- KEPLERUS Joannes, *Astronomia nova AITIOLOGETOS seu Physica coelestis tradita commentariis De motibus stellae Martis. Ex observationibus G.V. Tychonis Brahe*, (s.n.l.) 1609.
- *Prodromus Dissertationum Cosmographicarum continens Mysterium Cosmographicum, De Admirabili Proportione orbium coelestium, Deque Causis Coelorum numeri, magnitudinis, motuumque periodicorum genuinis et propriis Demonstratum, per quinque regularia corpora geometrica*, Tubingae, 1696.

- LANGIUS Joachimus, *Medicina mentis. Qua praemissa Medica Sapientiae Historia, ostensaque ac rejecta Philomoria, secundum verae philosophiae principia, aegre mentis sanatio, ac sanatae usus in veri rectique investigatione ac communicatione, In gratiam traditur eorum, Qui per solidam eruditionem ad veram sapientiam contendunt,*

Cum Appendice Supervacaneorum et Indice, Berolini, 1708[2].

- *Caussa Dei et religionis naturalis, adversus atheismum, et, quae eum gignit, aut promovet, pseudophilosophiam veterum et recentiorum, praesertim Stoicam et Spinozianam, e genuinis verae philosophiae principiis methodo demonstrativa adserta*, Halae Saxonum, 1723.

- *Modesta Disquisitio novi philosophiae systemate de Deo, mundo et homine, et praesertim de harmonia commercii inter animam et corpus praestabilita : cum epicrisi in viri cuisdam clarissimi commentationem de differentia nexus rerum sapientis et fatalis necessitatis, nec non systematis harmoniae praestabilitae et hypothesium Spinosae : praemissa praefatione ordinis Theol. in Academia Fridericiana e genuinis verae philosophiae principiis*, Halae Saxonum, 1723.

- LULLUS Raymundus, *Ars brevis illuminati Doctoris Magistri Raymundi Lull. Quae est ad omnes scientias pauco et brevi tempore assequendas introductorium et brevis via, una cum figuris illi materiae deservientibus, nec non et illius scientiae approbatione. In cuius castigatione attendat lector quam castigatissime Magister Bernardus de Lavinheta artis illius fidissimus interpretes insudarit. Qui si elementum aut denuas, aut addis (ipsum vel iota) totius rei summam immutas, et ad alios artis huiusce libros quae propediem in eadem facultate sumus emisuri te reddis inhabilen*, Parisiis, 1758.

- MALPHIGIUS Marcellus, *Anatome Plantarum. Cui subjungitur Appendix, Iteratas et auctas ejusdem Authoris de ovo incubato observationes continens*, Londini, 1675.

- MARTINIUS Mathias, *Lexicon philologicum, praecipue etymologicum et sacrum, In quo Latinae et a Latinis autoribus usurpatae tum purae tum barbarae voces ex originibus declarantur, comparatione linguarum (quarum et inter ipsas consonantia aperitur) subinde illustrantur, multaeque in divinis et humanis literis difficultates e fontibus, historia, veterumque et recentium scriptorum auctoritate enodantur, Bene multa etiam in vulgatis Dictionariis admissa haud levia errata modeste emaculantur, auctore Mathia Martinio, servo Jesu Christi in Schola Bremensi. Editio tertia prioribus multo emendatior, et auctoris vita auctior. Accedit ejusdem Martinii Cadmus Graeco-Phoenix, id est, Etymologicum, In quo explicantur et ad suas origines, tandemque ad Cadmeos seu orientales fontes reducuntur principes Graecae voces, et eae, quae cum alibi tum maxime in Veteris Testamenti Paraphrasi LXX, seniorum aliorumque, quaeque in Novi Testamenti Codice videntur obscuriores;*

multae quoque notabiles dictiones vulgo a Lexicographis lucidantur et emaculantur. Praeterea additur Glossarium Isidori emendatum a cura Joannis Georgii Graevii, Trajecti ad Rhenum, 1697[3].

- MARTINUS Becanus, *Summa Theologiae scholasticae, De Deo Attributisque divinis, Sanctissima Trinitate, Angelis et Daemonibus, operibusque dierum, ac statu innocentiae. Pars prima,* Parisiis, 1625.

- MUSAEUS Joannes, *Introductio in theologiam de Distinctione theologiae in naturalem et revelatam, deque natura Theologiae revelatae Anno M.DC.LXIV. Mense Januario. Praeside Johanne Musaeo, SS. Theol. D. et P.P. Respondente Wolfgango Gangio, Sueco, examini publico submissa nunc vero recensa,* Ienae, 1679.

- OVIEDO Franciscus de, *Integer cursus philosophicus, ad unum redactus, In Summulas, Logicam, Physicam, de Coelo, de Generatione, de Anima, etc. ..., Metaphysicam distributus,* Lugduni, 1640.

- PEROTTUS Nicolaus, *Cornu Copiae, sive linguae latinae commentarii diligentissime recogniti : atq. ex archetypo emendati,* Venetiis, 1513.

- PITCAIRNUS Archibaldus, *Opuscula medica*, Roterdami, 1714[3].

- RAMUS Petrus, *Scholarum mathematicarum libri unus et triginta*, Francofurti ad Moenum, 1727.
- *Arithmeticae libri duo, Geometriae septem et viginti*, Francofurti, 1500.

- SCHMIDIUS Joannes Andreas, *Theologia naturalis positiva ad normam scientiarum tradita*, Helmstaedii, 1717.

- STURMIUS Joannes Christophorus, *Mathesis enucleata, cujus praecipua contenta sub finem praefationis, uno quasi obtutu spectanda*, Noribergae, 1689.
- *Physica electiva sive Hypothetica. Tomus primus, Partem Physicae generalem complexus et speciatim usum totius hujus Scientiae primarium singulari cura demonstrans Accessit Hujus ipsius usus amplius inculcandi causa, Viri perillustris et generosissimi theosophiae sive cognitionis de Deo naturalis Specimen Mathematica methodo conceptum*, Norimbergae, 1697.

- SWEDENBORGIUS Emmanuel, *Nova observata et inventa circa ferrum et ignem. Et praecipue circa naturam ignis elementarem, una cum nova camini inventione*, Amstelodami, 1721.

- THÜMMIGIUS Ludovicus Philippus, *Institutiones philosophiae Wolffianae, in usos academicos adornatae*, Francofurti et Lipsiae, 1724-1726, 2 volumes, Hildesheim, 1982.

- TSCHIRNHAUSUS Ehrenfriedus Waltherus de, *Medicina mentis sive Artis inveniendi praecepta generalia. Editio nova, auctior et correctior cum praefatione autoris*, Lipsiae, 1695, Hildesheim, 1964.

- VOETIUS, *Admiranda methodus novae philosophiae Renati des Cartes*, Ultrajecti, 1643.

- VOGELINUS Joannes, *Elementa Geometriae ex Euclide singulari prudentia collecta à Joanne Vogelino professore Mathematico in Schola Viennensi. Arithmeticae practicae per Georgium Peurbachium Mathematicum. Cum praefatione Philippi Melanchtonis*, (s.n.l.n.d.).

- WALLISIUS Joannes, *Mathesis universalis : sive Arithmeticum Opus integrum, tum philologice, tum mathematice traditum, arithmeticam tum numerosam, tum speciosam sive symbolicam complectens, sive calculum geometricum, tum etiam rationem proportionumve traditionem. Logarithmorum item doctrinam; aliaque, quae capitum Syllabus indicabit*, in *Opera mathematica*, vol.I, Oxoniae, 1657.
- *De Algebra tractatus: Historicus et practicus. Anno 1685*

Anglice editus; Nunc auctus Latine. Cum variis Appendicibus; partim prius editis Anglice partim nunc primum editis. Operum Mathematicorum Volumen Alterum, in *Opera mathematica,* vol.II, Oxoniae, 1693.
- *Institutio Logicae ad communes usos accomodata (cum subjunctis tribus thesibus congeneris materiae),* in *Opera mathematica,* vol.III, Oxoniae, 1699.

- WEIGELIUS Ehrardus, *Tetractys summum tum arithmeticae tum philosophiae discursivae compendium,* Ienae, 1673.

Conspectus operis